展開図 プロジェクト集

展開図と説明を使った三次元幾何学の実践的な入門書

デイビッド・E・マクアダムズ著
http://www.demcadams.com

Copyright © 2025 by Life Is A Story Problem LLC, コロラドスプリングス（コロラド州）
無断複製を禁じます。

この出版物のいかなる部分も、著作権者の明示的な書面による許可なしに、複製、検索システムへの保存、または形式や手段を問わず送信することはできません。ただし、批評記事やレビューにおける短い引用はこの限りではありません。

教育目的での限定的なコピーの許可
この本の個々のページは、偶発的かつ非営利の教育目的でのみコピーすることが許可されています。ただし、「1冊の本のルール」に従う必要があります。つまり、この教材を生徒に使用させる教師1人につき1冊の本を購入する必要があります。家庭学習の場合、子供のグループを指導する親1人につき1冊の本を購入する必要があります。

デイビッド・E・マクアダムズのその他の本

オウムの色彩 - オウムのイラストを使って色の概念を紹介する。本書は幼児向けです。

花の色彩 - 花のイラストを使って色の概念を紹介する。本書は幼児向けです。

宇宙の色 - NASAの写真を使って色の概念を紹介する。本書は幼児向けです。

形 - 幾何学的な形の紹介。本書は幼児向けです。

数字 - 数の概念を紹介する。本書はK-2学年向けです。

何より大きいものは何ですか？（無限） - 無限の概念を紹介する。本書は6歳から8歳向けです。

ブランコの集合 （集合論）- ブランコを例にした集合論の入門書。対象年齢：7歳から10歳。

1セント、2セント - ジェリーの1セントが毎日倍になると、どれくらいで暗緑色のスポーツカーが買えるようになるか？ 8歳から12歳向けです。

遊びのお金を使った学習キット- 1,000,000ドル以上の遊びのお金で大きな数と数え方を学ぶ。

Monster Creatures of the Deep Sea（英語で）- 海の最深部とそこに住む生物を探求する。

私のお気に入りのフラクタル（第1巻、第2巻）- 高解像度画像で紹介された素晴らしいフラクタルの絵本。すべての年齢層向け。

All Math Words Dictionary（英語で）- 中学数学、代数、幾何学、前計算の学生のための数学辞典。

円周率の最初の百万桁 - 円周率の最初の百万桁。すべての年齢層向け。

オイラーの数（e）の最初の百万桁 - オイラーの数eの最初の百万桁。すべての年齢層向け。

2の平方根の最初の百万桁 - 2の平方根の最初の百万桁。すべての年齢層向け。

最初の十万個の素数 - 最初の十万個の素数。すべての年齢層向け。

展開図 プロジェクト集 - 80の幾何学的ネットをコピーして切り取って、テープで貼り合わせて3次元の多面体を作ります。9歳以上向け。

幾何学的ネットメガプロジェクトブック - 253の幾何学的ネットをコピーして切り取って、テープで貼り合わせて3次元の多面体を作ります。9歳以上向け。

最新のリストについては、https://www.DEMcAdams.com をご覧ください。

画像クレジット

すべての展開図はデイヴィッド・E・マカダムズによるものです。

すべてのイラストは、特に記載がない限り、デイヴィッド・E・マカダムズによるものです。

- 円錐 - LucasVB. アーティストによってパブリックドメインに置かれました
- 立方八面体 - Svdmolen. アーティストによってパブリックドメインに置かれました
- 変形十二面体 - Tom Ruen. アーティストによってパブリックドメインに置かれました
- 切頂立方八面体 - Svmolen. アーティストによってパブリックドメインに置かれました
- 切頂十二面体 - Harkonnen2. アーティストによってパブリックドメインに置かれました
- 切頂二十面体 - Svmolen. アーティストによってパブリックドメインに置かれました

目次

はじめに	1
二重延長三角錐反立体	3
円錐	5
立方体	7
立方八面体	9
円柱	11
十角形反棱柱	13
十角柱	15
双斜方二十四面体	17
サイコロの一個	19
双錐二十面体	21
正十二面体	23
正五角台塔柱	25
長柱五角二重錐	27
長柱五角錐	29
長柱四角二重錐	31
長柱四角錐	33
長柱三角反棱鏡	35
長柱三角錐	37
長柱三角二重錐	39
長柱三角錐	41
十角錐断面	43
四角錐断面	45
三角錐断面	47
大正十二面体	49
大展開十二面体	51
回転長方形五角錐	55
回転長方形双錐	57
回転長方形角柱	59
回転長方形角柱	61
七角錐	63
七面体 4,4,4,3,3,3,3	65
七面体 5,5,5,4,4,4,3	67
七面体 6,6,4,4,4,3,3	69
六角柱	71
六角錐	73
七面体 4,4,4,4,3,3	75
七面体 5,4,4,3,3,3	77
七面体 5,5,4,4,3,3	79
正二十面体	81
二十面体十二面体合成体	83
斜め四角錐	85
八角逆錐	87
正八面体	89

五角逆錐	91
五角錐屋根	93
五角双錐	95
五角柱	97
五角錐	99
五角形のロタンダ	101
五角星の星柱	103
長方形のピラミッド	105
菱形柱	107
斜方立方八面体	109
小斜方十二面体	111
小星型十二面体	115
変形立方体	119
変形十二面体	123
正方形アンチプリズム	127
正方形の蓋状体	129
正四角錐	131
ねじれ双角錐	133
星型八面体	135
正四面体	137
四方六面体	139
三角化八面体	141
三角化四面体	143
三角形の蓋状体	145
三角双錐	147
三角五面体	149
三角柱	151
傾斜三角錐	153
切頂立方体	155
切頂立方八面体	157
切頂十二面体	159
切頂二十面体	163
斜方切頂二十・十二面体	169
切頂八面体	175
切頂四面体	177
正五角星錐	179
切頂正方形ねじれ双錐	181

はじめに

「展開図とは何ですか？」

展開図は、三次元の図形に折りたたむことができる平面図です。例えば、六つの同じ正方形を使うことで立方体を作ることができます。これは、立方体が六つの面を持ち、すべての面が同じ正方形であるためです。この本にある各図は、三次元の幾何学的な物体に折りたたむことができます。

ほとんどの展開図は、平らな面を持つ立体に折りたたむことができます。ただし、いくつかの例外があります。例えば、円柱は長方形と二つの円から作ることができます。円錐は、円と底が曲線の三角形から作ることができます．

「展開図から立体を作るのはどれくらい難しいですか？」

「いくつかは簡単で、いくつかは難しいです。基本的に、立体の面が多いほど、展開図から作るのは難しくなります。簡単なものから始めて、難しいものに挑戦していきましょう。」

「展開図から立体の模型をどうやって作りますか？」

「まず、展開図が描かれているページを切り取るか、そのページのコピーを作ります。もっと丈夫な立体を作りたい場合は、カードストックを使ってください。展開図に絵を描いたり、色を塗ったりしたい場合は、切り取る前に行ってください。

次に、ハサミを使って、実線に沿って慎重に展開図を切り取ります。時々、隣接する面が描かれている線を共有していて、その線は切る必要があります。その線は実線です。

形を切り取ったら、点線に沿って折り始めます。いくつかの形では、点線で逆に折ることがあります。小さな透明テープを使って、辺を貼り合わせます。すべての辺をテープで貼り合わせたら、立体の完成です。

二重延長三角錐反立体

1. 実線に沿って切り取ります。
2. 点線に沿って折ります。
3. 破線に沿って逆に折ります。
4. 透明テープを使って固定します。

ネットに絵を描いたり、色を塗ったりしたい場合は、テープで貼る前に行ってください。装飾を貼り付けて飾りたい場合は、まずテープで貼り合わせてから行ってください。．

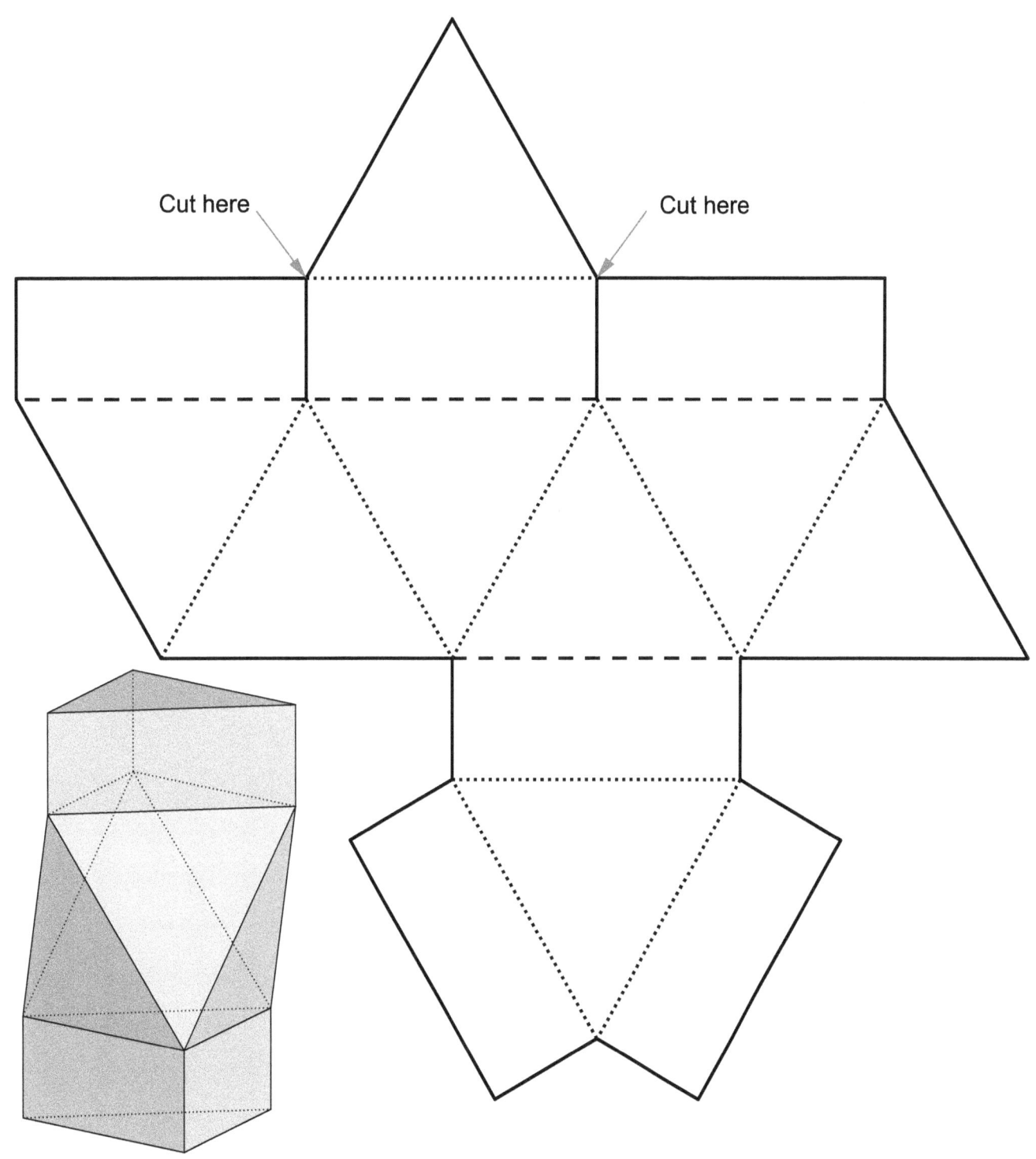

展開図 プロジェクト集 デイヴィッド・E・マクアダムスによる
著作権 2025年。詳細については著作権通知をご覧ください

円錐

1. 実線に沿って切り取ります。2つのパーツが分かれないように気をつけてください。

2. 透明テープを使って固定します。

ネットに絵を描いたり、色を塗ったりしたい場合は、テープで貼る前に行ってください。装飾を貼り付けて飾りたい場合は、まずテープで貼り合わせてから行ってください。

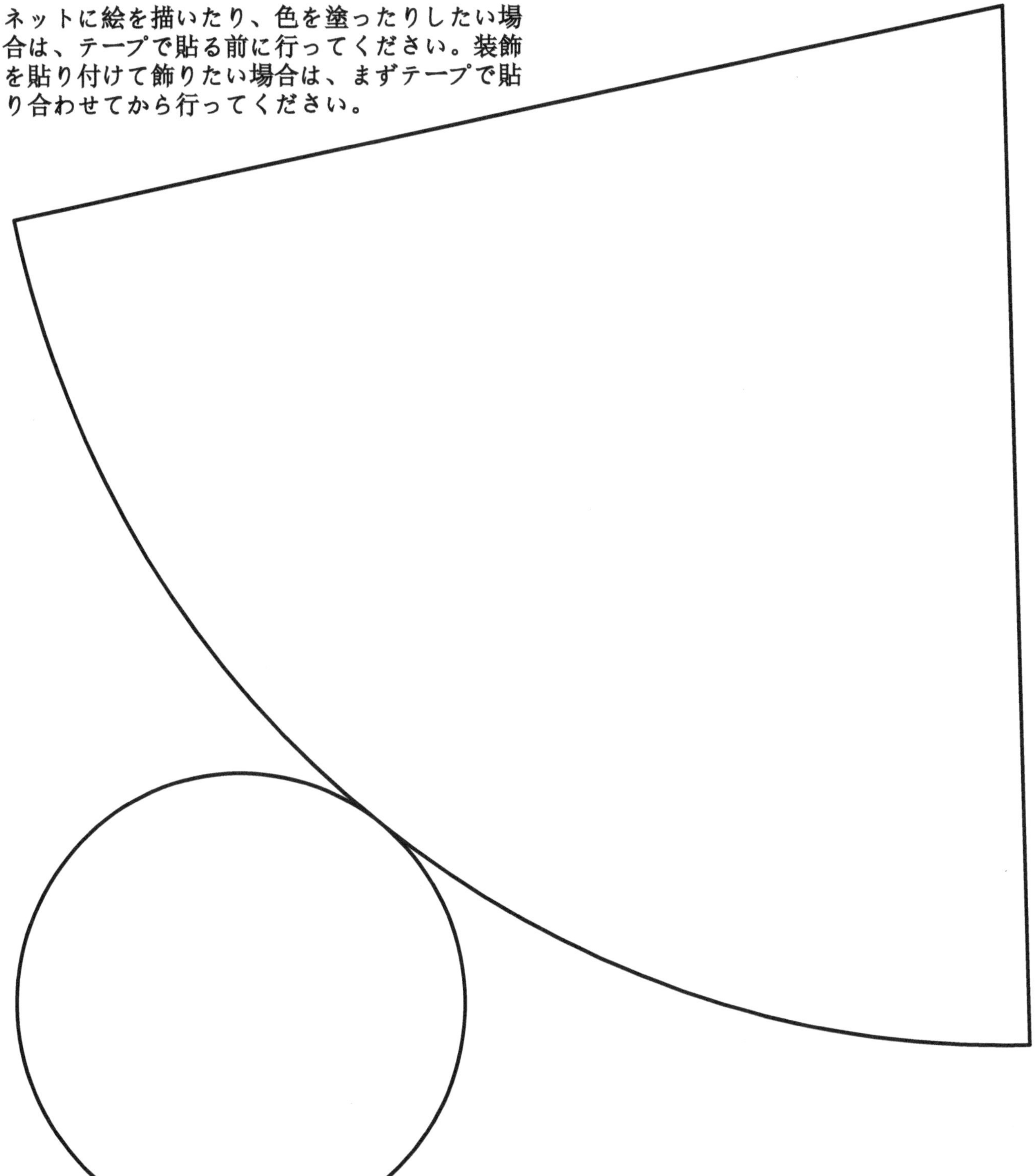

展開図 プロジェクト集 デイヴィッド・E・マクアダムスによる
著作権 2025年。詳細については著作権通知をご覧ください

立方体

1. 実線に沿って切り取ります。
2. 点線に沿って折ります。
3. 透明テープを使って固定します。

ネットに絵を描いたり、色を塗ったりしたい場合は、テープで貼る前に行ってください。装飾を貼り付けたい場合は、まずテープで貼り合わせてから行ってください

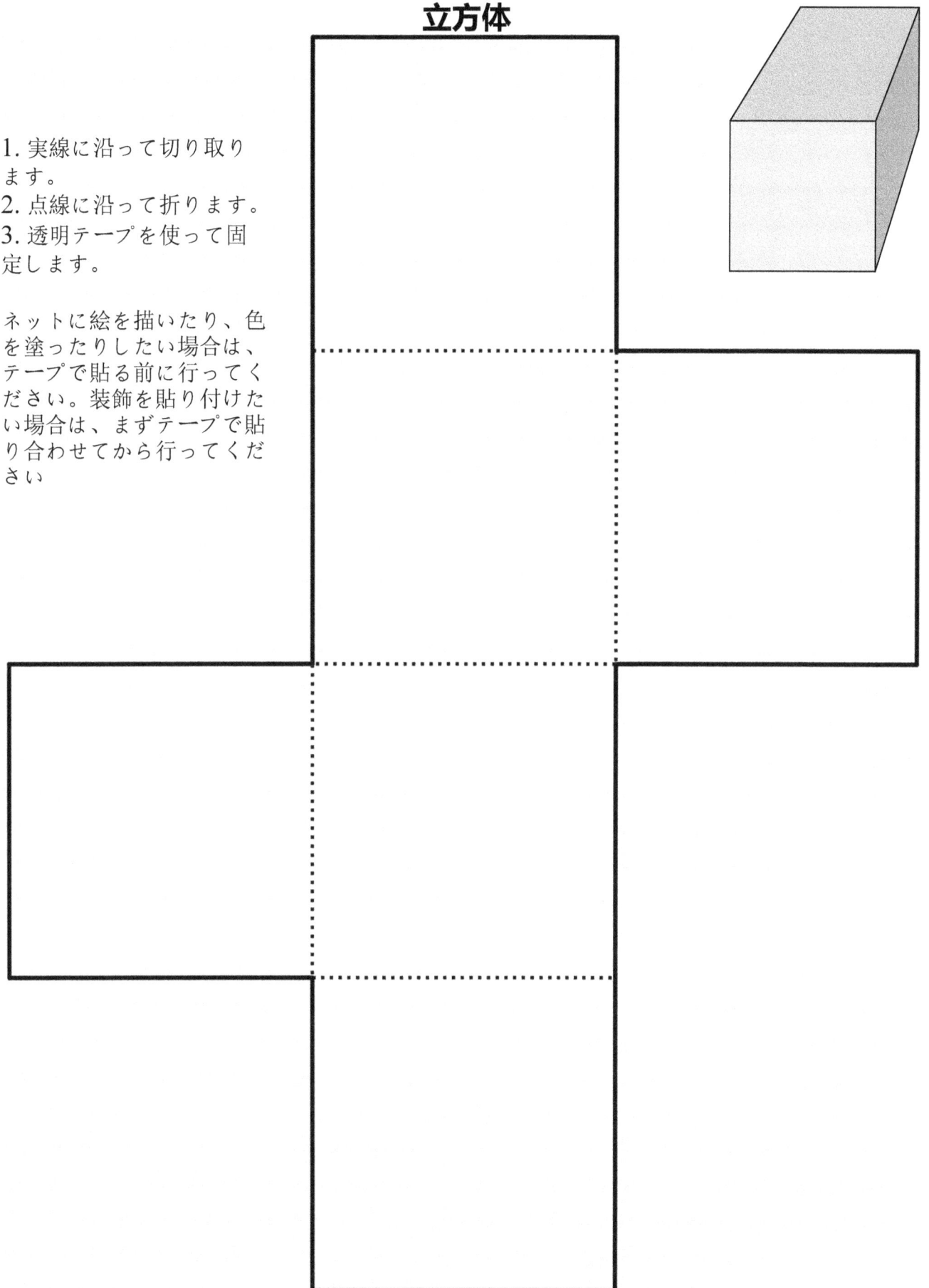

展開図 プロジェクト集 デイヴィッド・E・マクアダムスによる
著作権 2025年。詳細については著作権通知をご覧ください

立方八面体

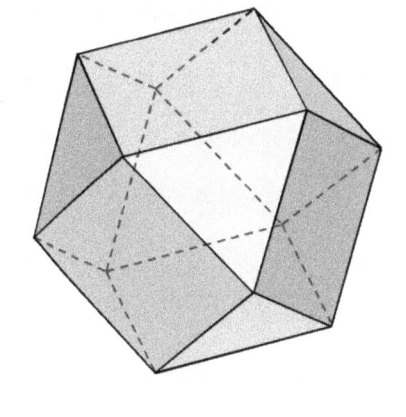

1. 実線に沿って切り取ります。
2. 点線に沿って折ります。
3. 透明テープを使って固定します。

ネットに絵を描いたり、色を塗ったりしたい場合は、テープで貼る前に行ってください。装飾を貼り付けたい場合は、まずテープで貼り合わせてから行ってください。

展開図 プロジェクト集 デイヴィッド・E・マクアダムスによる
著作権 2025年。詳細については著作権通知をご覧ください

円柱

1. 実線に沿って切り取ります。円を長方形から切り離さないように注意してください。
2. 長方形を丸めて円柱の形にします。
3. 円を折り曲げて円柱に合わせます。
4. 透明テープを使って固定します。

ネットに絵を描いたり、色を塗ったりしたい場合は、テープで貼り合わせる前に行ってください。装飾を貼り付けたい場合は、まずテープで固定してから行ってください。

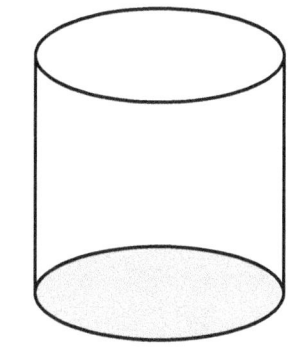

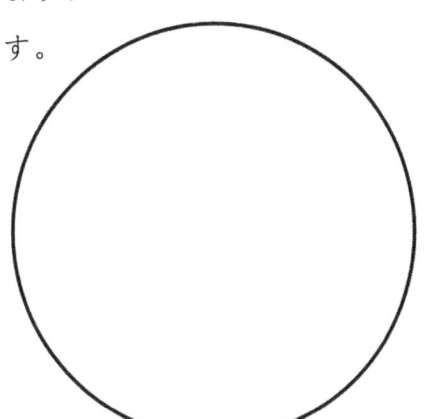

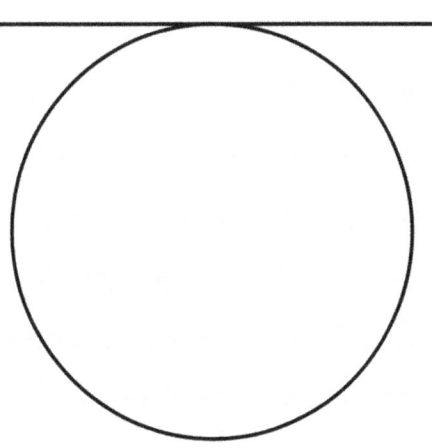

展開図 プロジェクト集 デイヴィッド・E・マクアダムスによる
著作権 2025年。詳細については著作権通知をご覧ください

十角形反棱柱

1. 実線に沿って切り取ります。
2. 点線に沿って折ります。
3. 透明テープを使って固定します。

ネットに絵を描いたり、色を塗ったりしたい場合は、テープで貼る前に行ってください。装飾を貼り付けたい場合は、まずテープで貼り合わせてから行ってください。

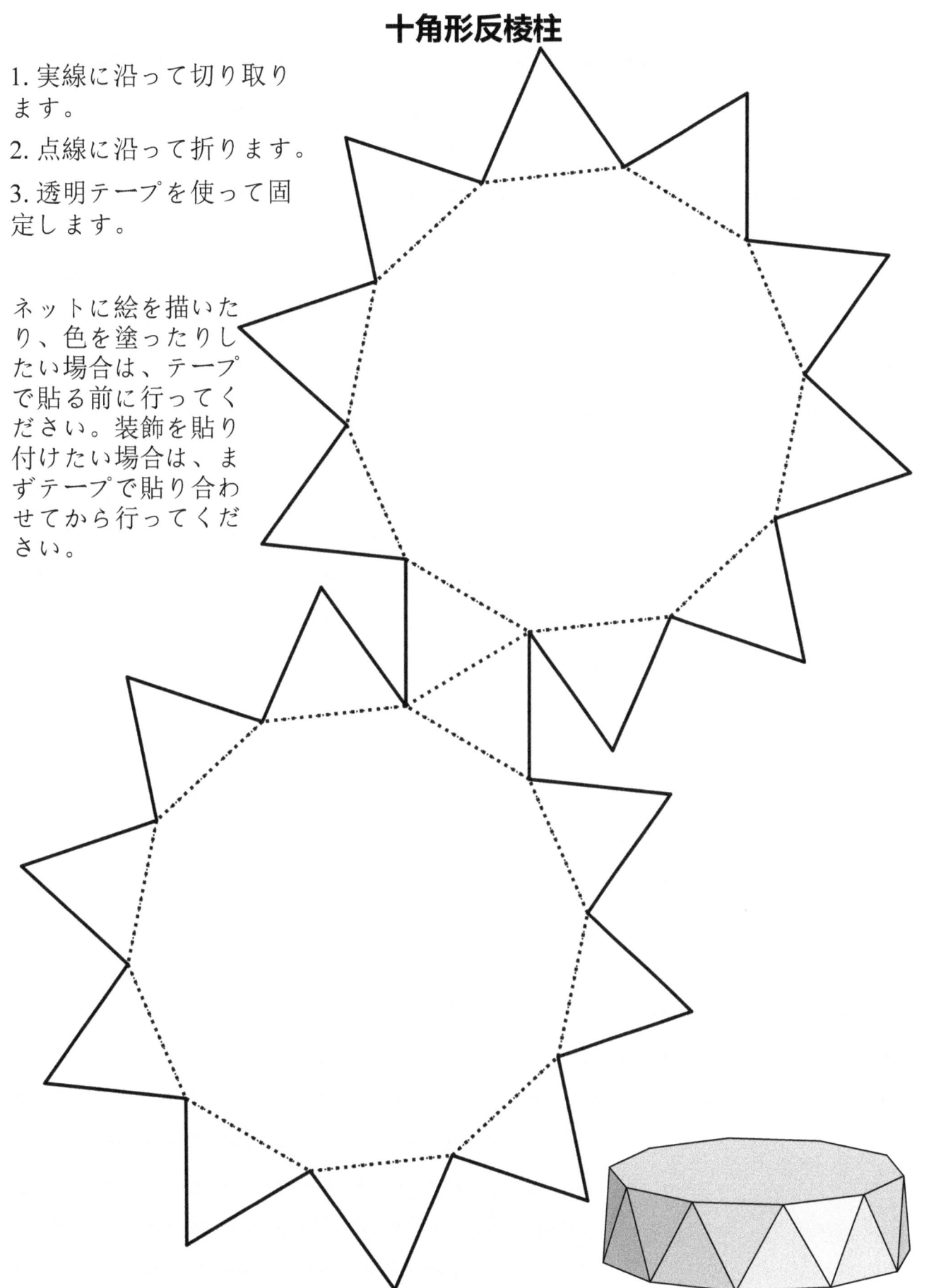

展開図 プロジェクト集 デイヴィッド・E・マクアダムスによる
著作権 2025年。詳細については著作権通知をご覧ください

十角柱

1. 実線に沿って切り取ります。
2. 点線に沿って折ります。
3. 透明テープを使って固定します。

ネットに絵を描いたり、色を塗ったりしたい場合は、テープで貼る前に行ってください。装飾を貼り付けたい場合は、まずテープで貼り合わせてから行ってください。

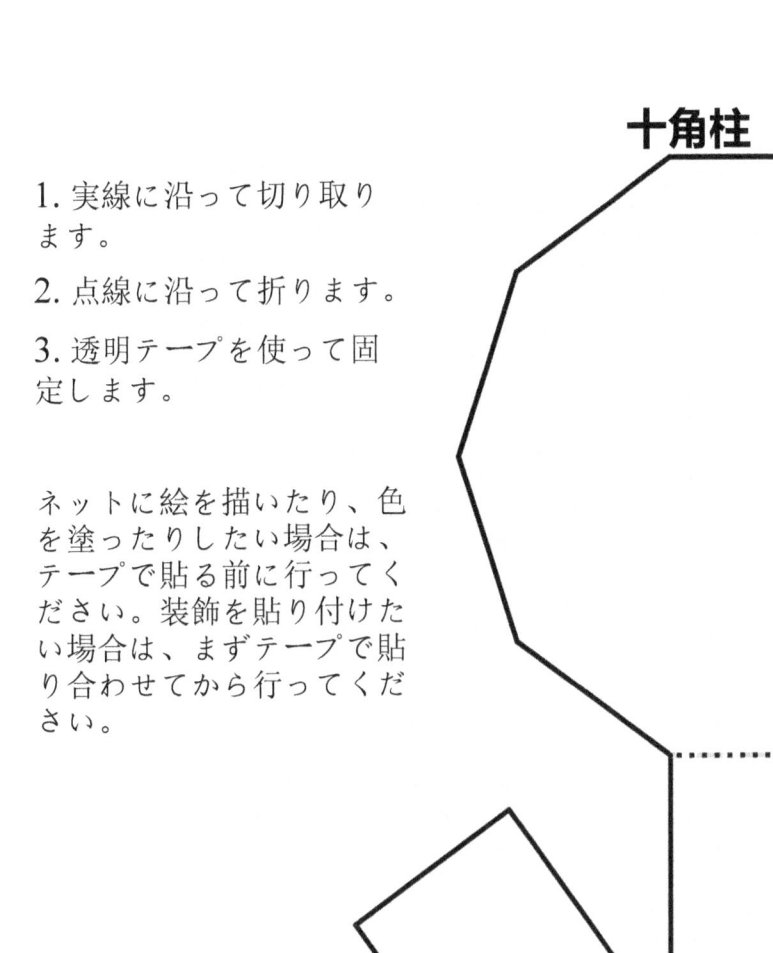

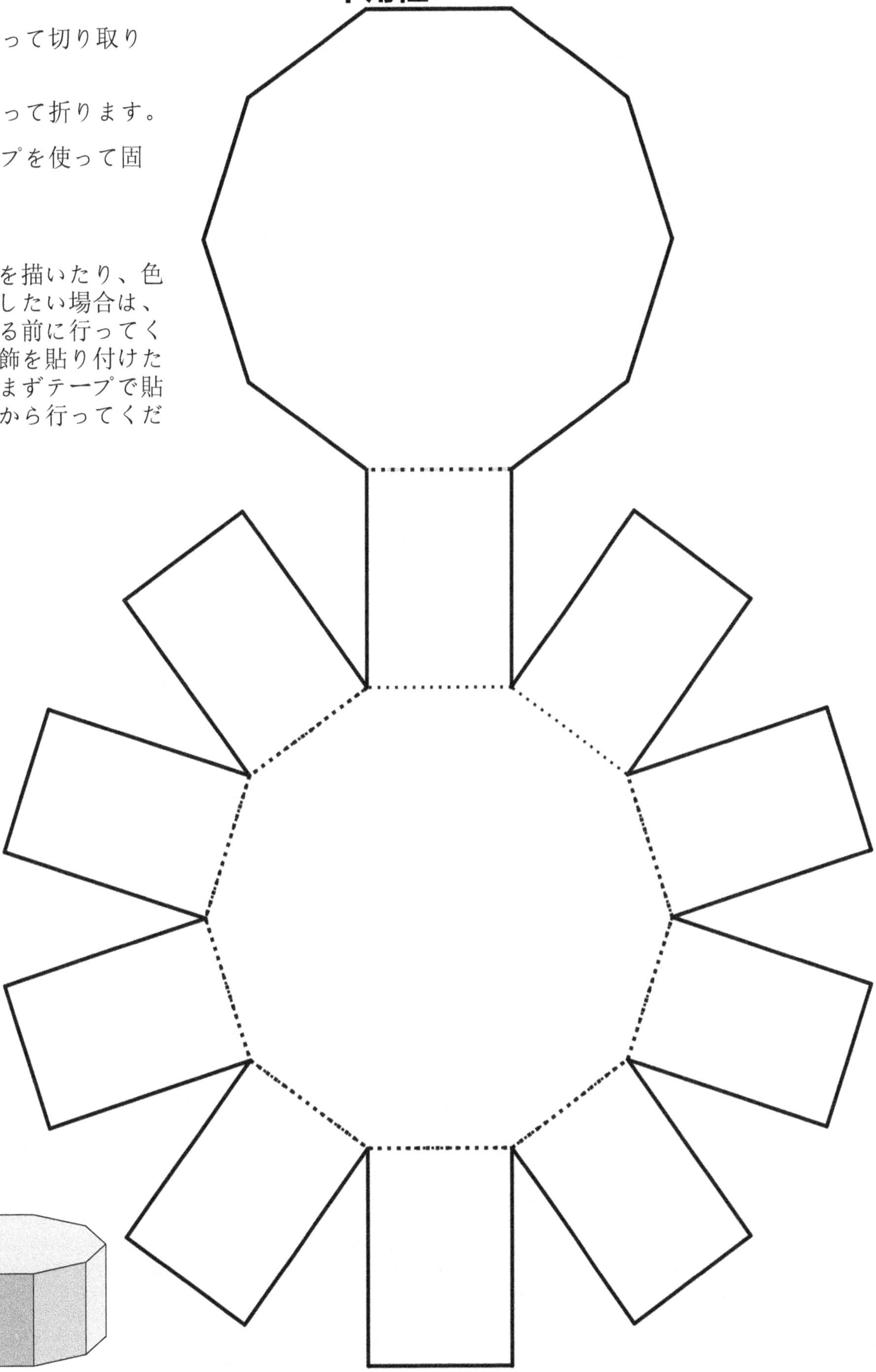

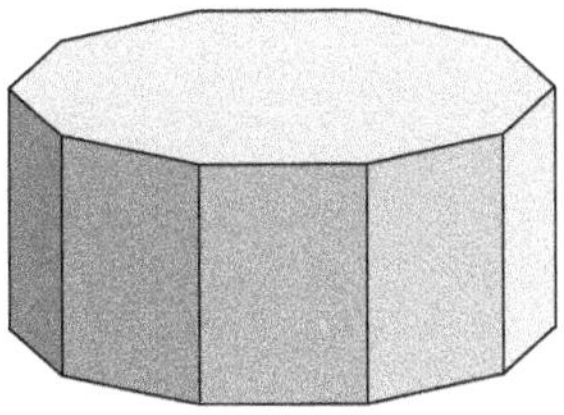

展開図 プロジェクト集 デイヴィッド・E・マクアダムスによる
著作権 2025年。詳細については著作権通知をご覧ください

双斜方二十四面体

1. 実線に沿って切り取ります。
2. 点線に沿って折ります。
3. 透明テープを使って固定します。

ネットに絵を描いたり、色を塗ったりしたい場合は、テープで貼る前に行ってください。装飾を貼り付けたい場合は、まずテープで貼り合わせてから行ってください。

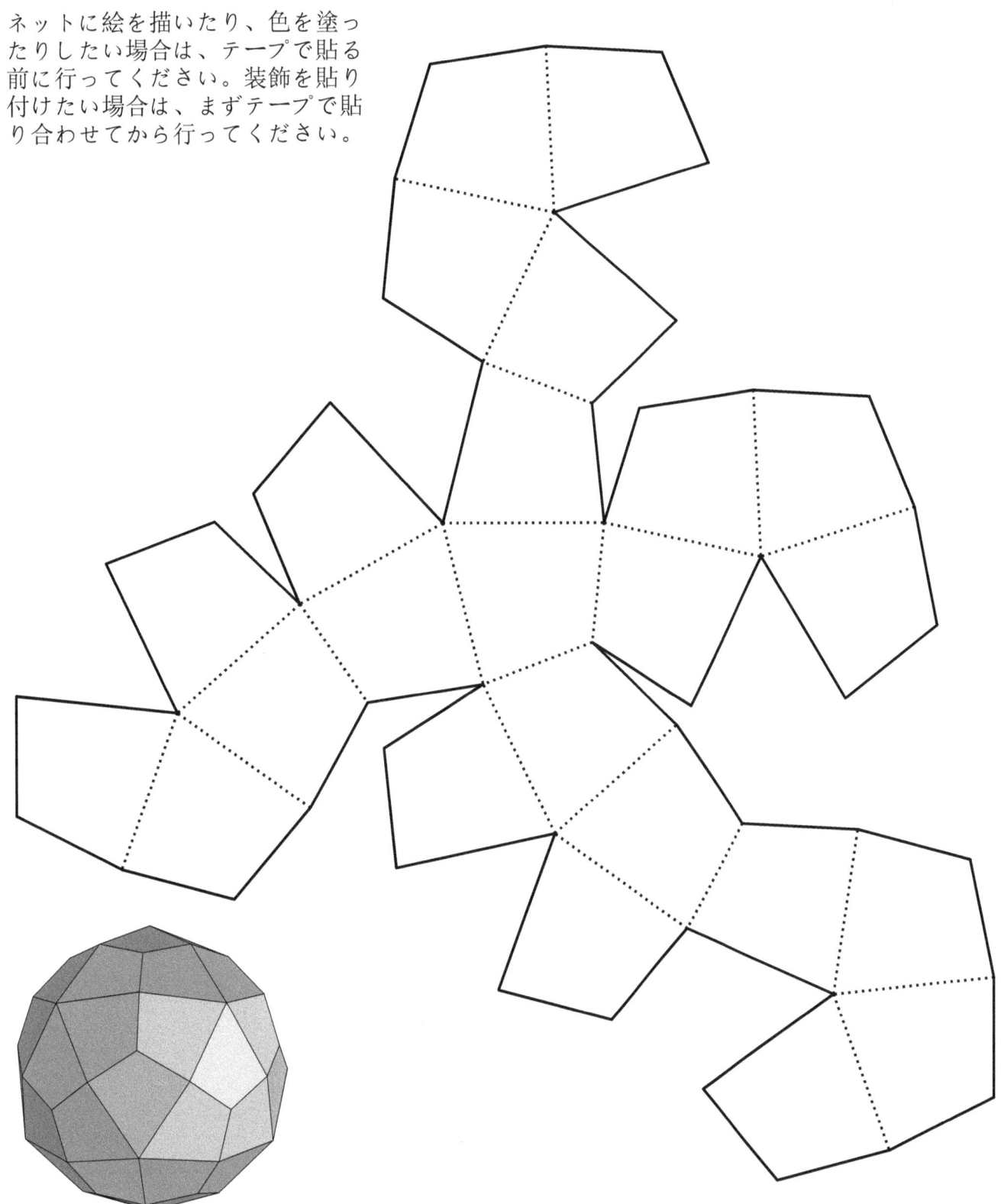

展開図 プロジェクト集 デイヴィッド・E・マクアダムスによる
著作権 2025年。詳細については著作権通知をご覧ください

サイコロの一個

1. 実線に沿って切り取ります。
2. 点線に沿って折ります。
3. 透明テープを使って固定します。

ネットに絵を描いたり、色を塗ったりしたい場合は、テープで貼る前に行ってください。装飾を貼り付けたい場合は、まずテープで貼り合わせてから行ってください。

展開図 プロジェクト集 デイヴィッド・E・マクアダムスによる
著作権 2025年。詳細については著作権通知をご覧ください

双錐二十面体

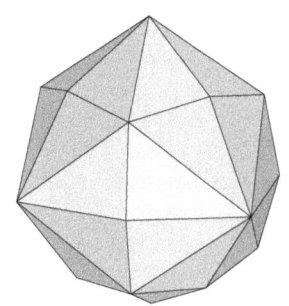

1. 実線に沿って切り取ります。
2. 点線に沿って折ります。
3. 透明テープを使って固定します。

ネットに絵を描いたり、色を塗ったりしたい場合は、テープで貼る前に行ってください。装飾を貼り付けたい場合は、まずテープで貼り合わせてから行ってください。

展開図 プロジェクト集デイヴィッド・E・マクアダムスによる
著作権 2025年。詳細については著作権通知をご覧ください

正十二面体

1. 実線に沿って切り取ります。
2. 点線に沿って折ります。
3. 透明テープを使って固定します。

ネットに絵を描いたり、色を塗ったりしたい場合は、テープで貼る前に行ってください。装飾を貼り付けたい場合は、まずテープで貼り合わせてから行ってください。

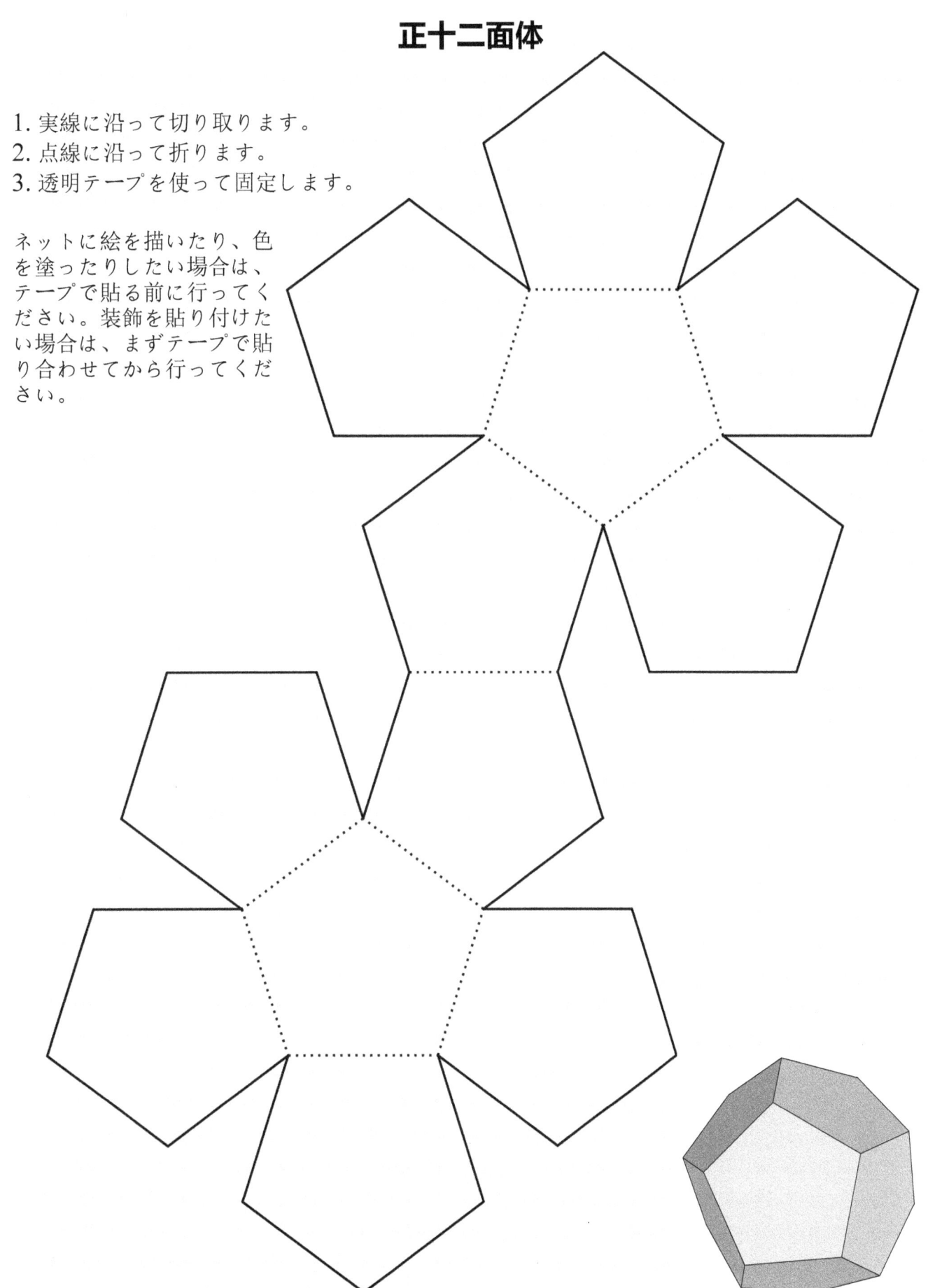

展開図 プロジェクト集デイヴィッド・E・マクアダムスによる
著作権 2025年。詳細については著作権通知をご覧ください

正五角台塔柱

1. 実線に沿って切り取ります。
2. 点線に沿って折ります。
3. 透明テープを使って固定します。

ネットに絵を描いたり、色を塗ったりしたい場合は、テープで貼る前に行ってください。装飾を貼り付けたい場合は、まずテープで貼り合わせてから行ってください。

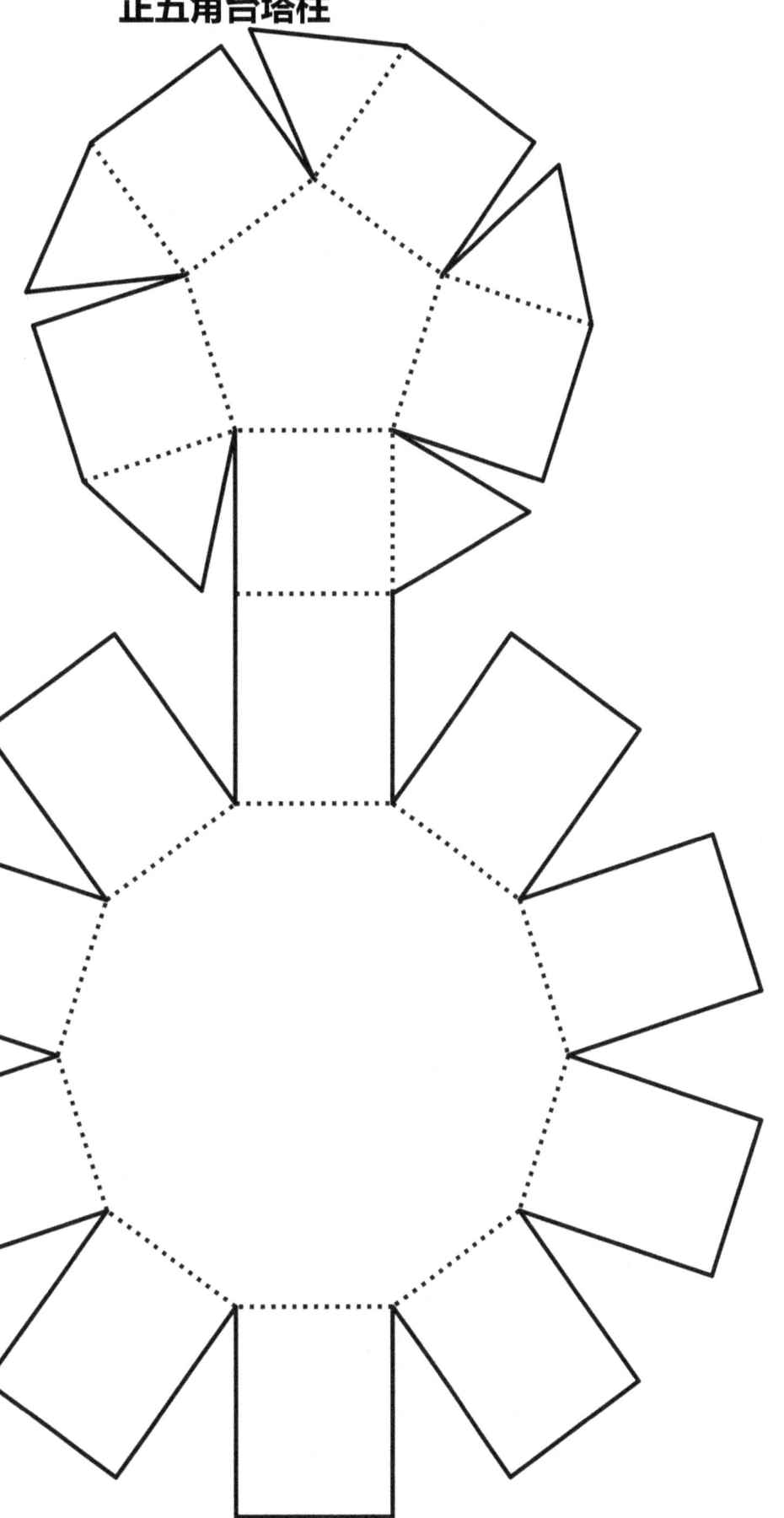

展開図 プロジェクト集デイヴィッド・E・マクアダムスによる
著作権 2025年。詳細については著作権通知をご覧ください

長柱五角二重錐

1. 実線に沿って切り取ります。
2. 点線に沿って折ります。
3. 透明テープを使って固定します。

ネットに絵を描いたり、色を塗ったりしたい場合は、テープで貼る前に行ってください。装飾を貼り付けたい場合は、まずテープで貼り合わせてから行ってください．。

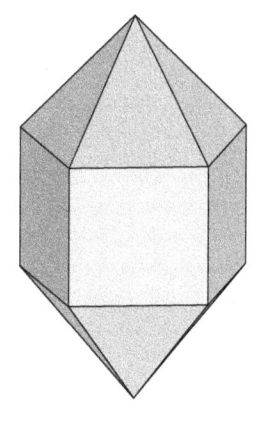

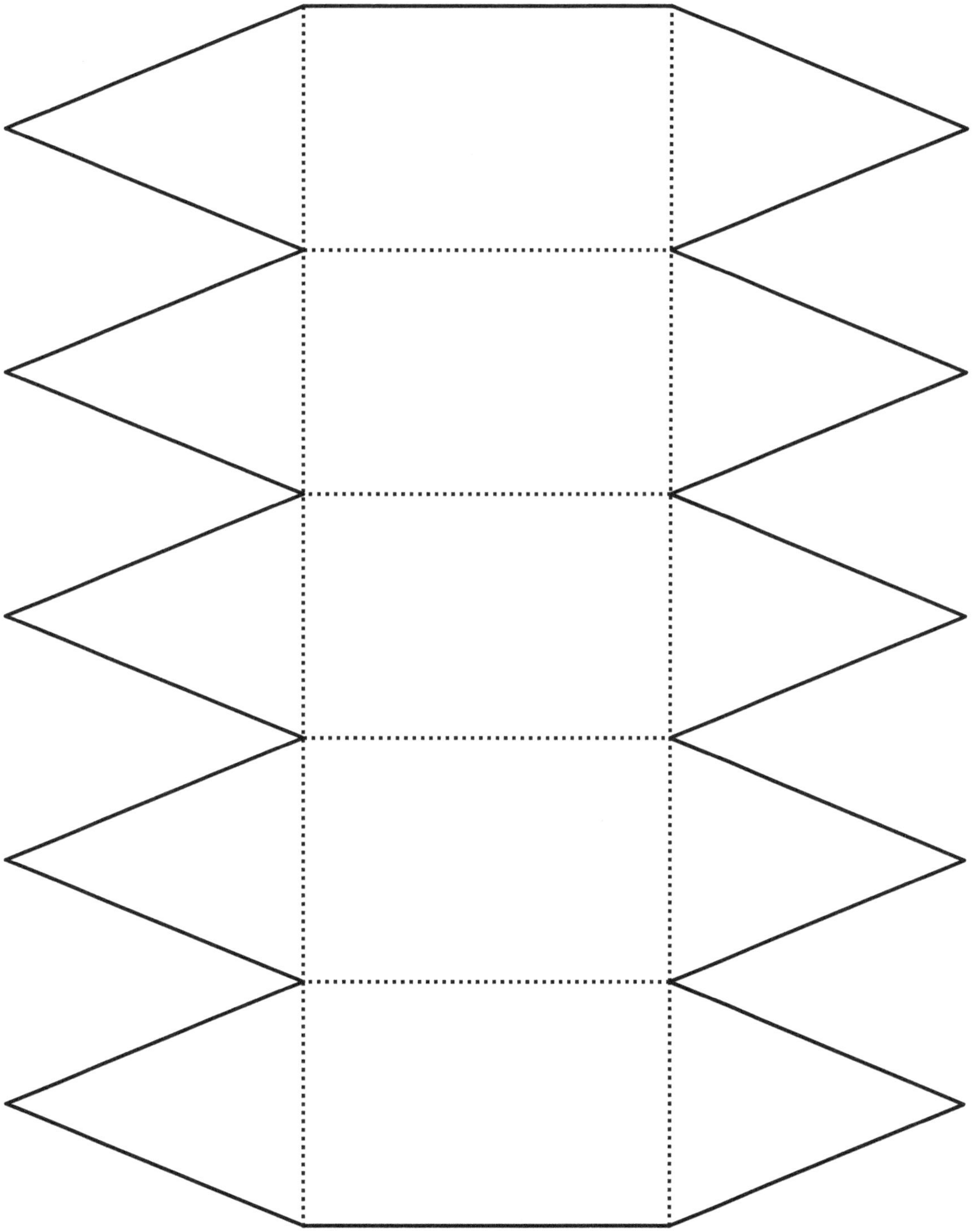

展開図 プロジェクト集 デイヴィッド・E・マクアダムスによる
著作権 2025 年。詳細については著作権通知をご覧ください

長柱五角錐

1. 実線に沿って切り取ります。
2. 点線に沿って折ります。
3. 透明テープを使って固定します。

ネットに絵を描いたり、色を塗ったりしたい場合は、テープで貼る前に行ってください。装飾を貼り付けたい場合は、まずテープで貼り合わせてから行ってください。

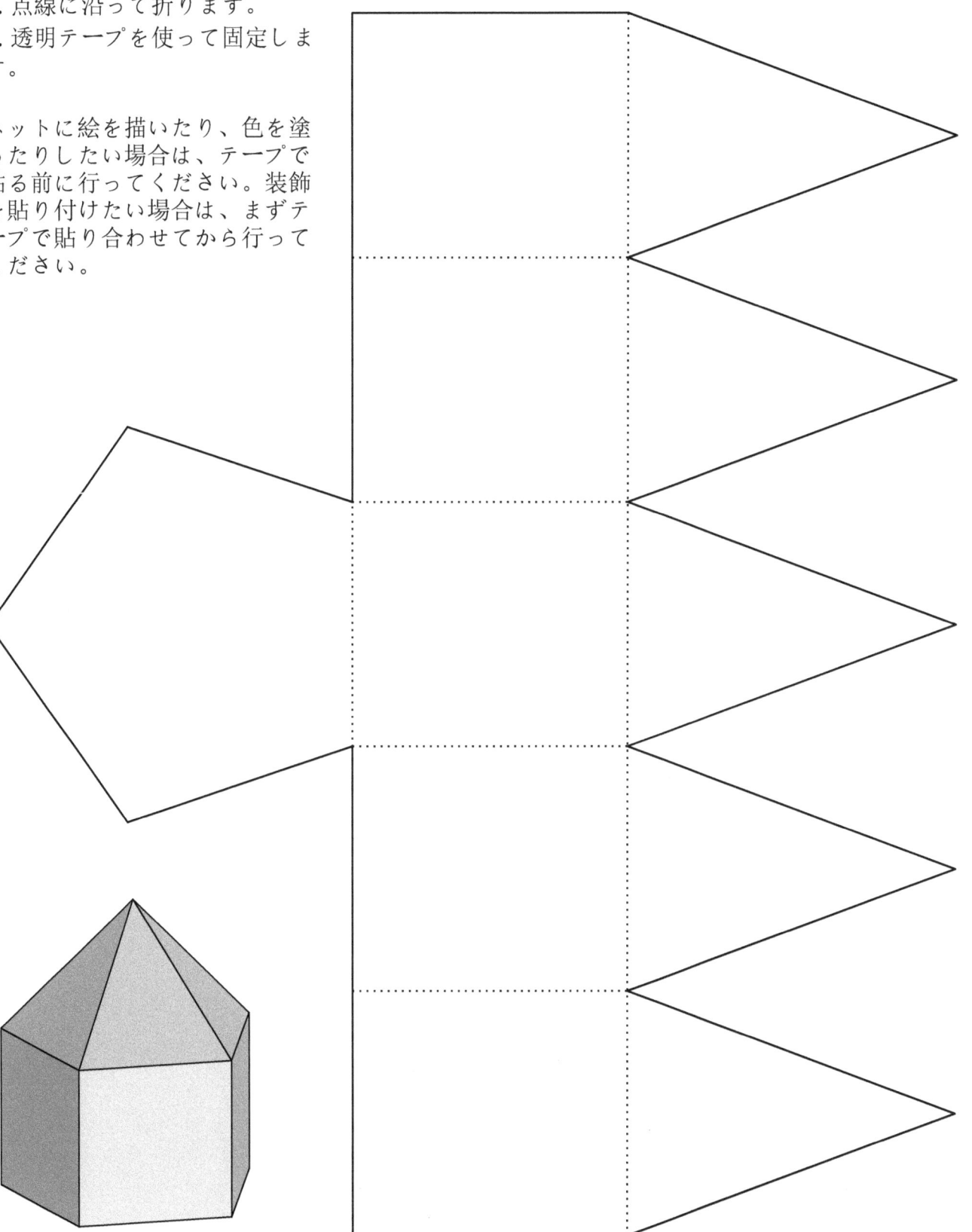

展開図 プロジェクト集デイヴィッド・E・マクアダムスによる
著作権 2025 年。詳細については著作権通知をご覧ください

長柱四角二重錐

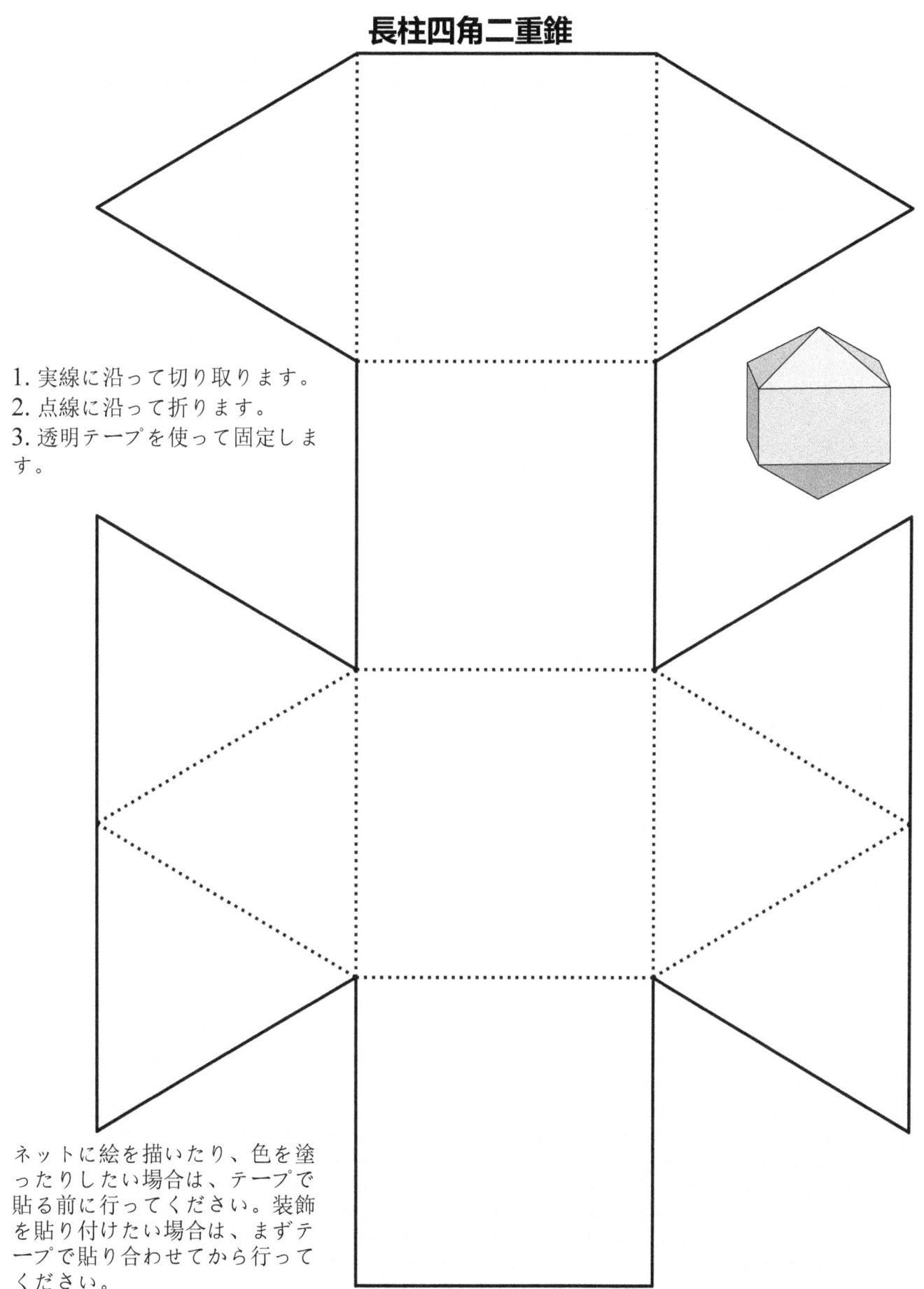

1. 実線に沿って切り取ります。
2. 点線に沿って折ります。
3. 透明テープを使って固定します。

ネットに絵を描いたり、色を塗ったりしたい場合は、テープで貼る前に行ってください。装飾を貼り付けたい場合は、まずテープで貼り合わせてから行ってください。

展開図 プロジェクト集 デイヴィッド・E・マクアダムスによる
著作権 2025年。詳細については著作権通知をご覧ください

長柱四角錐

1. 実線に沿って切り取ります。
2. 点線に沿って折ります。
3. 透明テープを使って固定します。

ネットに絵を描いたり、色を塗ったりしたい場合は、テープで貼る前に行ってください。装飾を貼り付けたい場合は、まずテープで貼り合わせてから行ってください。

展開図 プロジェクト集デイヴィッド・E・マクアダムスによる
著作権 2025年。詳細については著作権通知をご覧ください

長柱三角反棱鏡

1. 実線に沿って切り取ります。
2. 点線に沿って折ります。
3. 破線に沿って逆に折ります。
4. 透明テープを使って固定します。

ネットに絵を描いたり、色を塗ったりしたい場合は、テープで貼る前に行ってください。装飾を貼り付けて飾りたい場合は、まずテープで貼り合わせてから行ってください。

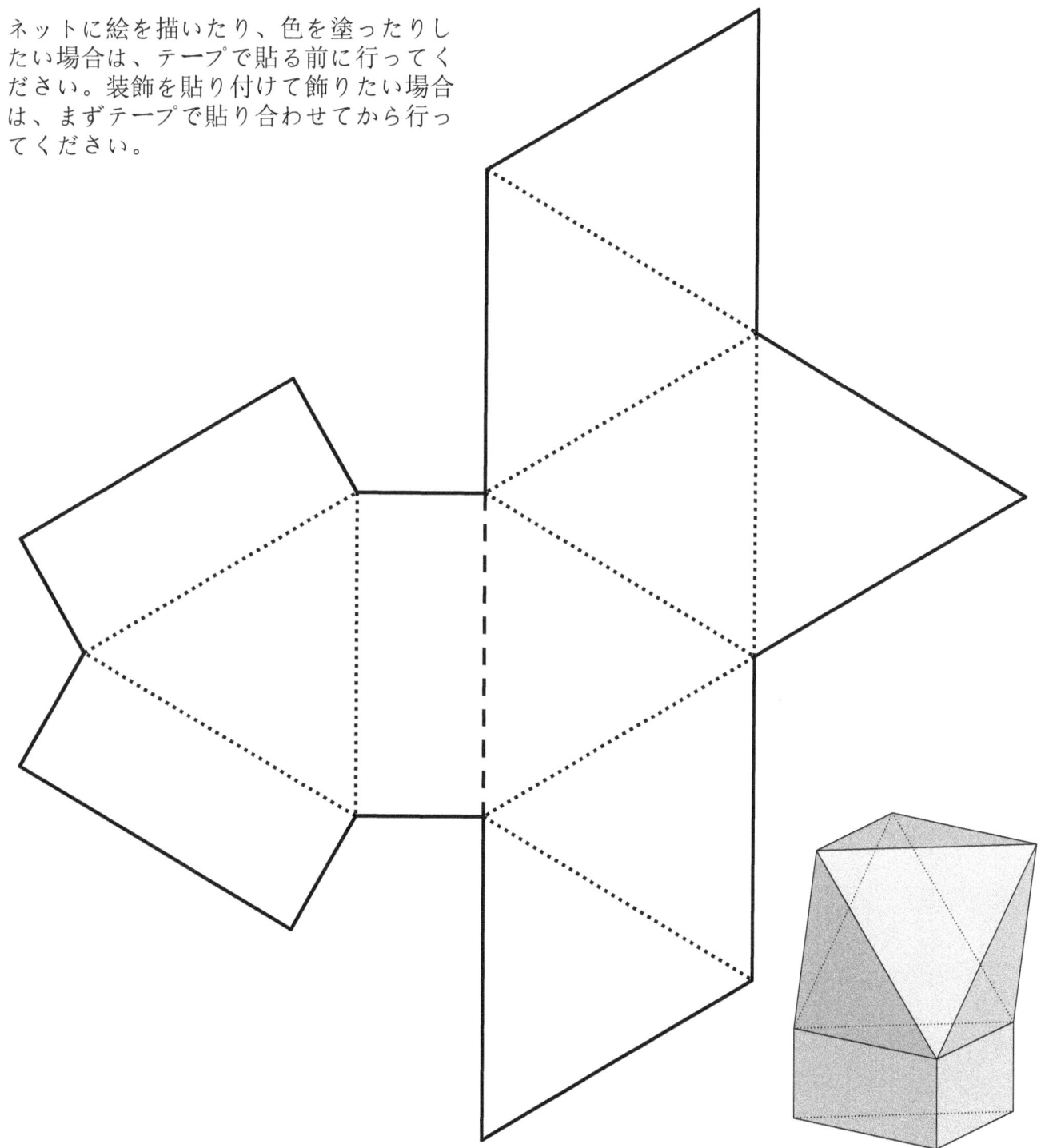

展開図 プロジェクト集 デイヴィッド・E・マクアダムスによる
著作権 2025年。詳細については著作権通知をご覧ください

長柱三角錐

1. 実線に沿って切り取ります。
2. 点線に沿って折ります。
3. 透明テープを使って固定します。

ネットに絵を描いたり、色を塗ったりしたい場合は、テープで貼る前に行ってください。装飾を貼り付けたい場合は、まずテープで貼り合わせてから行ってください。

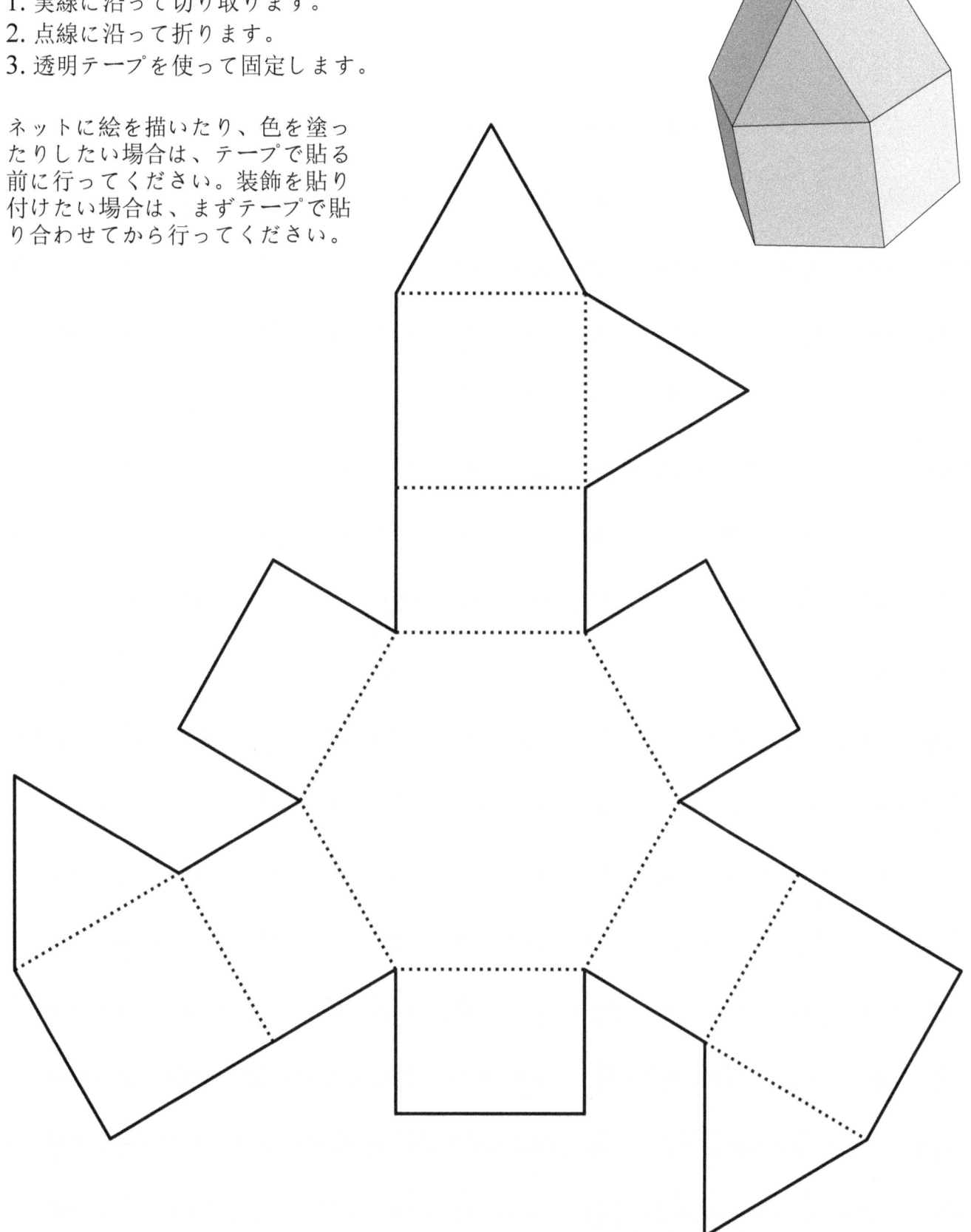

展開図 プロジェクト集デイヴィッド・E・マクアダムスによる
著作権 2025年。詳細については著作権通知をご覧ください

長柱三角二重錐

1. 実線に沿って切り取ります。
2. 点線に沿って折ります。
3. 透明テープを使って固定します。

ネットに絵を描いたり、色を塗ったりしたい場合は、テープで貼る前に行ってください。装飾を貼り付けたい場合は、まずテープで貼り合わせてから行ってください。

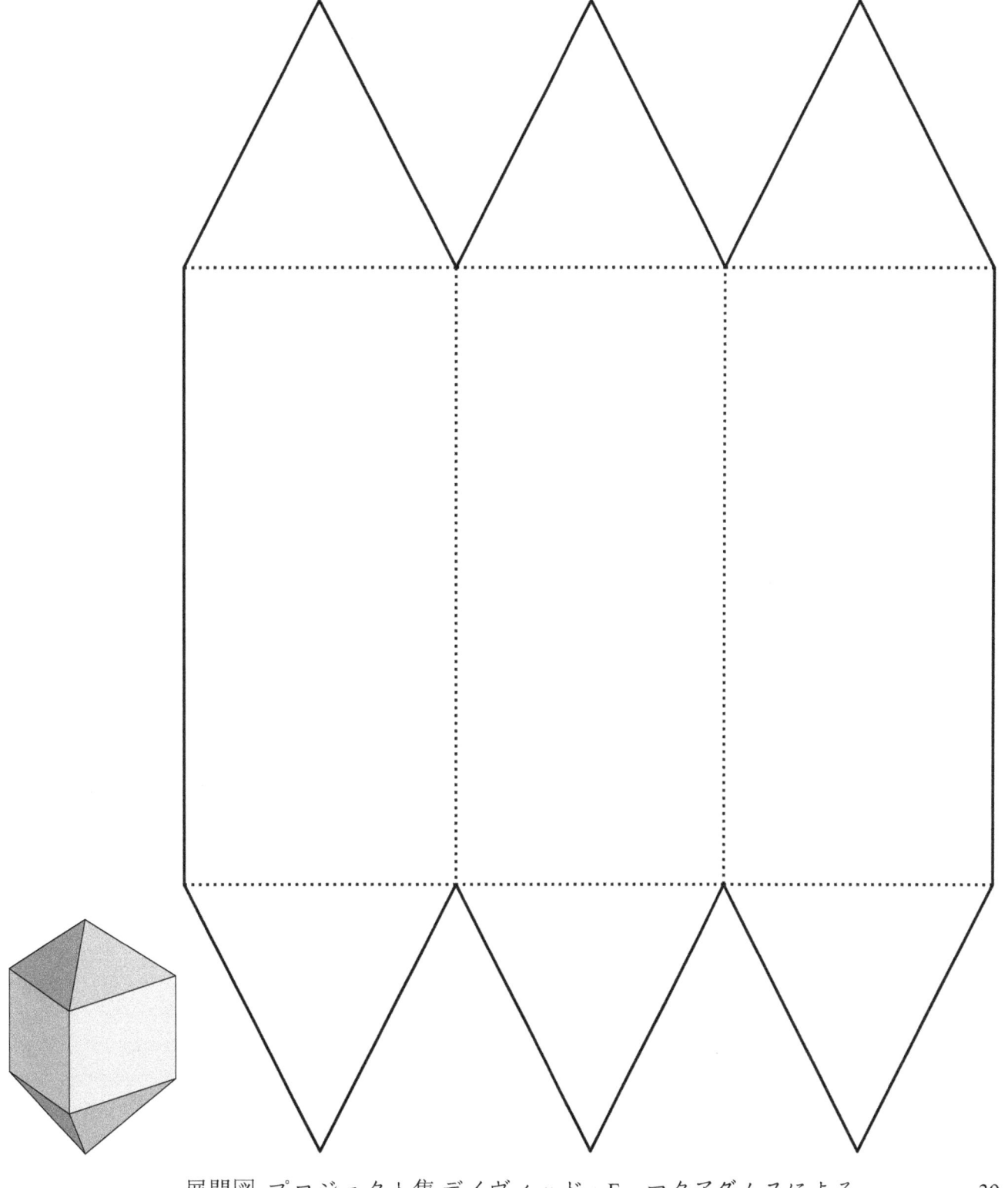

展開図 プロジェクト集 デイヴィッド・E・マクアダムスによる
著作権 2025年。詳細については著作権通知をご覧ください

長柱三角錐

1. 実線に沿って切り取ります。
2. 点線に沿って折ります。
3. 透明テープを使って固定します。

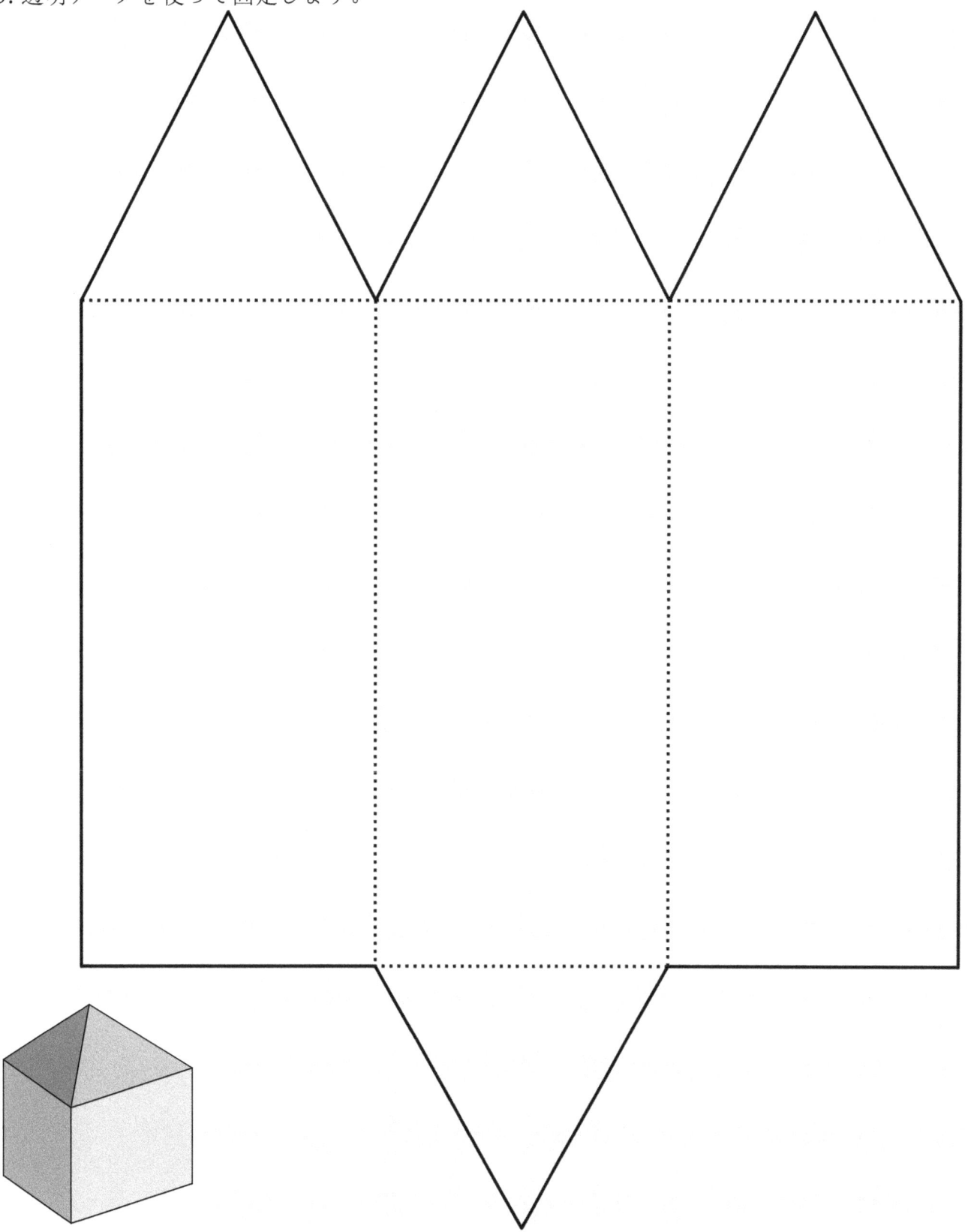

展開図 プロジェクト集 デイヴィッド・E・マクアダムスによる
著作権 2025年。詳細については著作権通知をご覧ください

十角錐断面

1. 実線に沿って切り取ります。
2. 点線に沿って折ります。
3. 透明テープを使って固定します。

ネットに絵を描いたり、色を塗ったりしたい場合は、テープで貼る前に行ってください。装飾を貼り付けたい場合は、まずテープで貼り合わせてから行ってください。

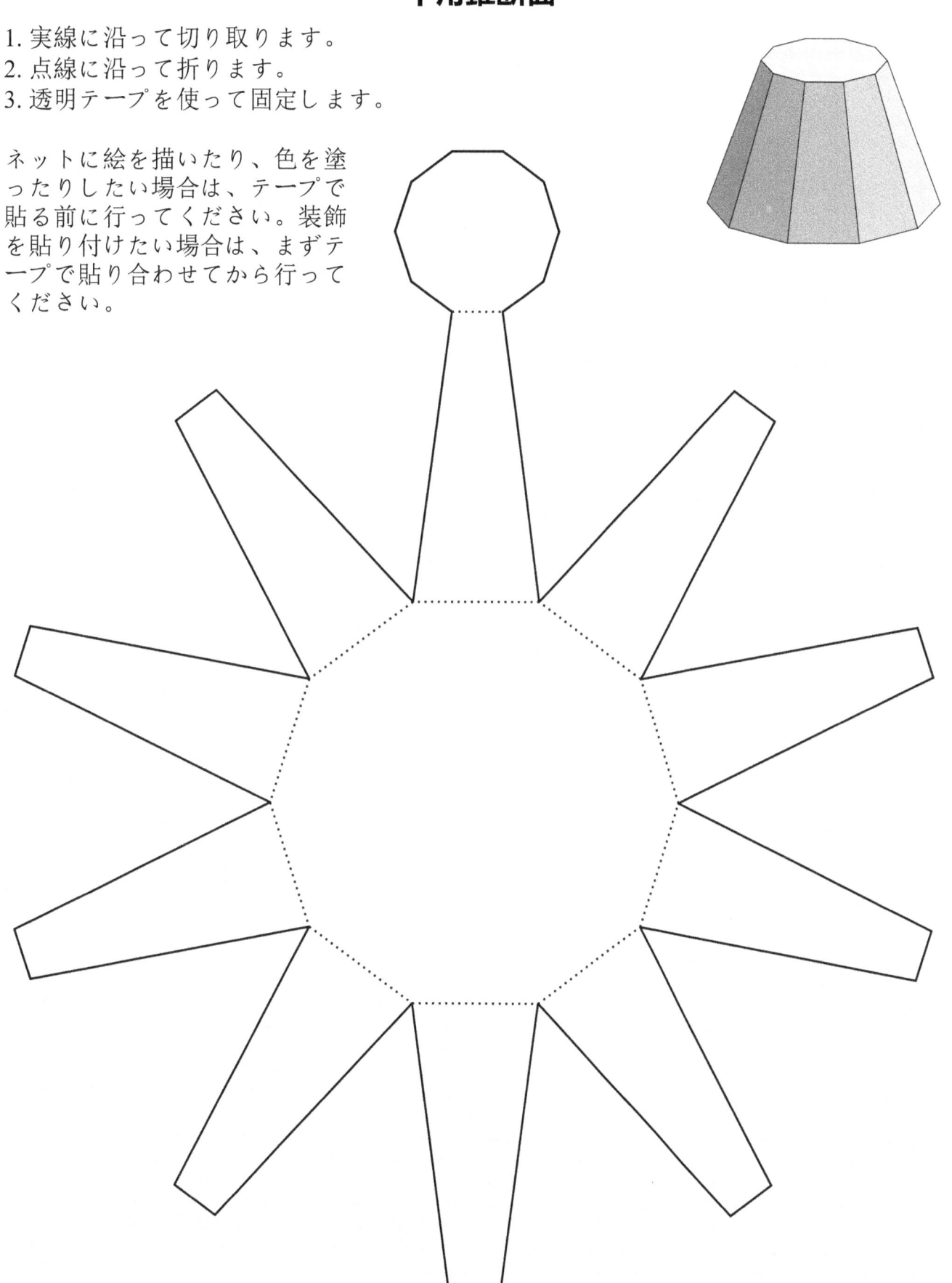

展開図 プロジェクト集デイヴィッド・E・マクアダムスによる
著作権 2025年。詳細については著作権通知をご覧ください

四角錐断面

1. 実線に沿って切り取ります。
2. 点線に沿って折ります。
3. 透明テープを使って固定します。

ネットに絵を描いたり、色を塗ったりしたい場合は、テープで貼る前に行ってください。装飾を貼り付けたい場合は、まずテープで貼り合わせてから行ってください。

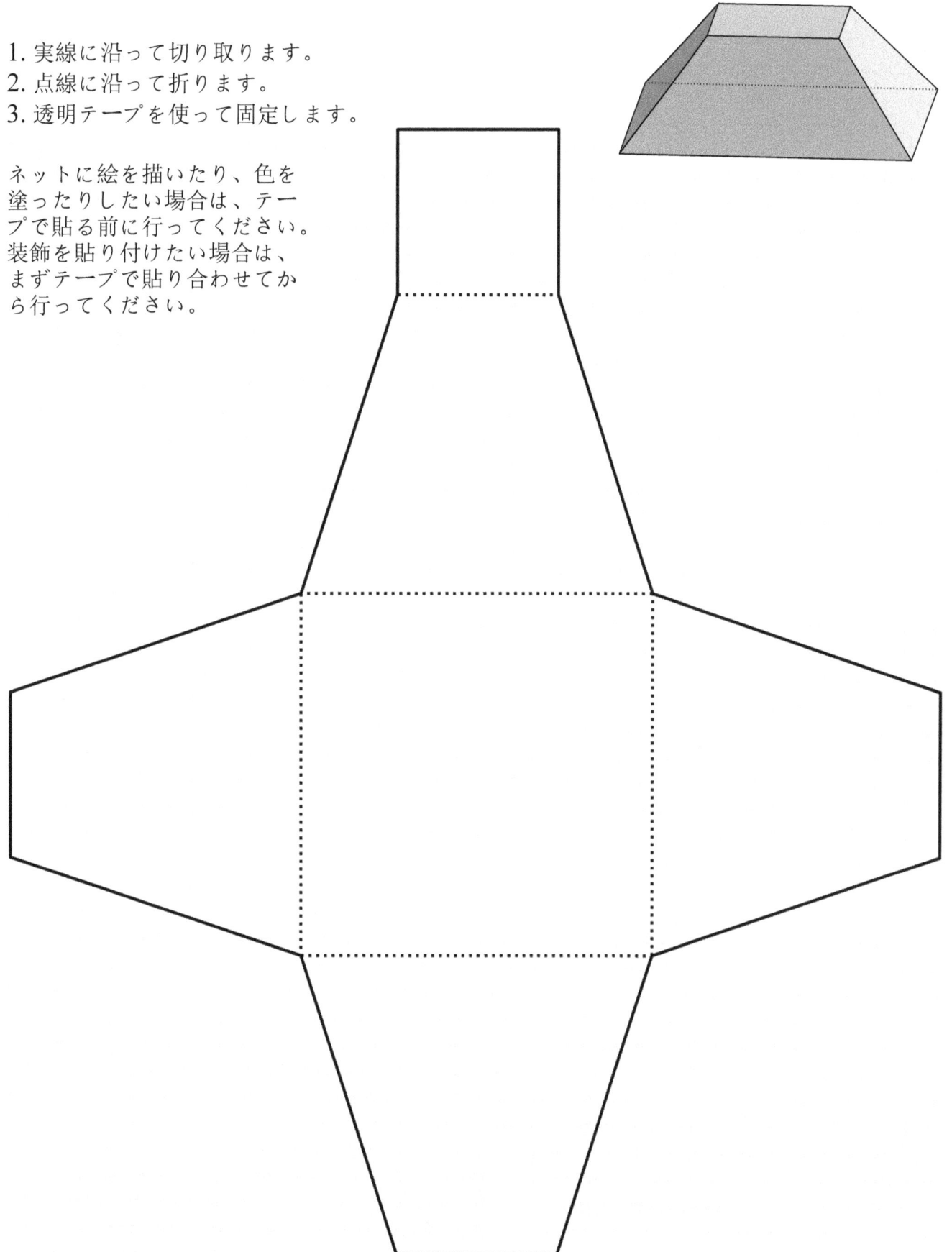

展開図 プロジェクト集 デイヴィッド・E・マクアダムスによる
著作権 2025年。詳細については著作権通知をご覧ください

三角錐断面

1. 実線に沿って切り取ります。
2. 点線に沿って折ります。
3. 透明テープを使って固定します。

ネットに絵を描いたり、色を塗ったりしたい場合は、テープで貼る前に行ってください。装飾を貼り付けたい場合は、まずテープで貼り合わせてから行ってください。

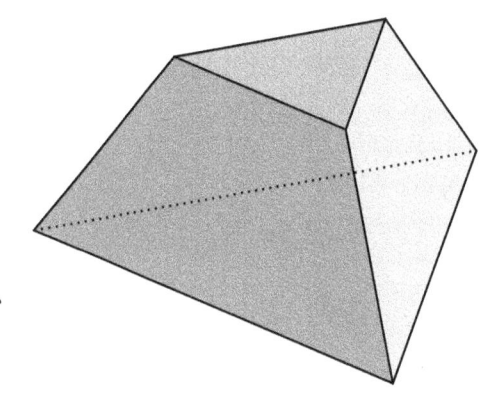

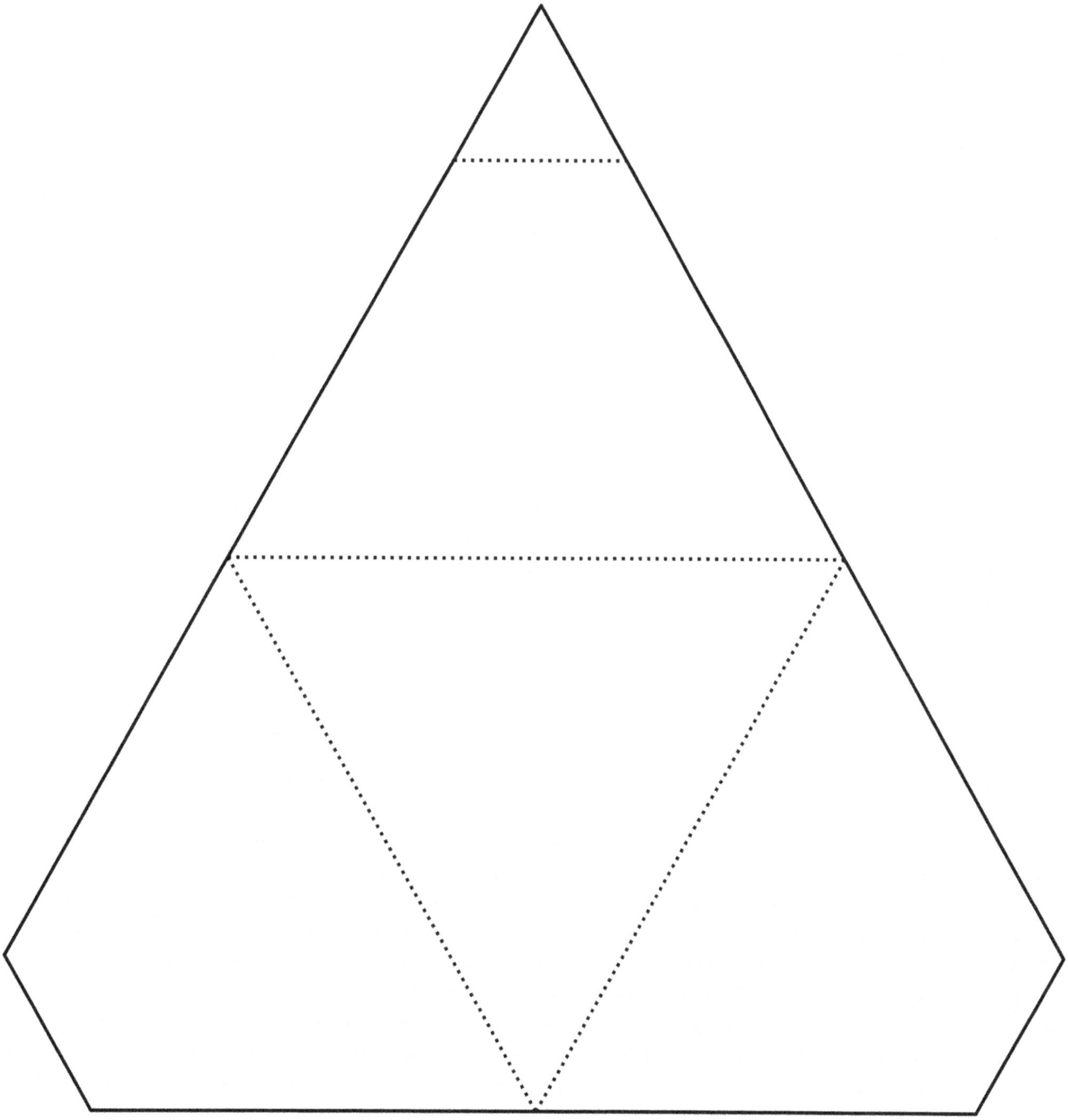

大正十二面体

1. 実線に沿って切り取ります。
2. 点線に沿って折ります。
3. 破線に沿って逆に折ります。
4. 透明テープを使って固定します。

ネットに絵を描いたり、色を塗ったりしたい場合は、テープで貼る前に行ってください。装飾を貼り付けて飾りたい場合は、まずテープで貼り合わせてから行ってください。

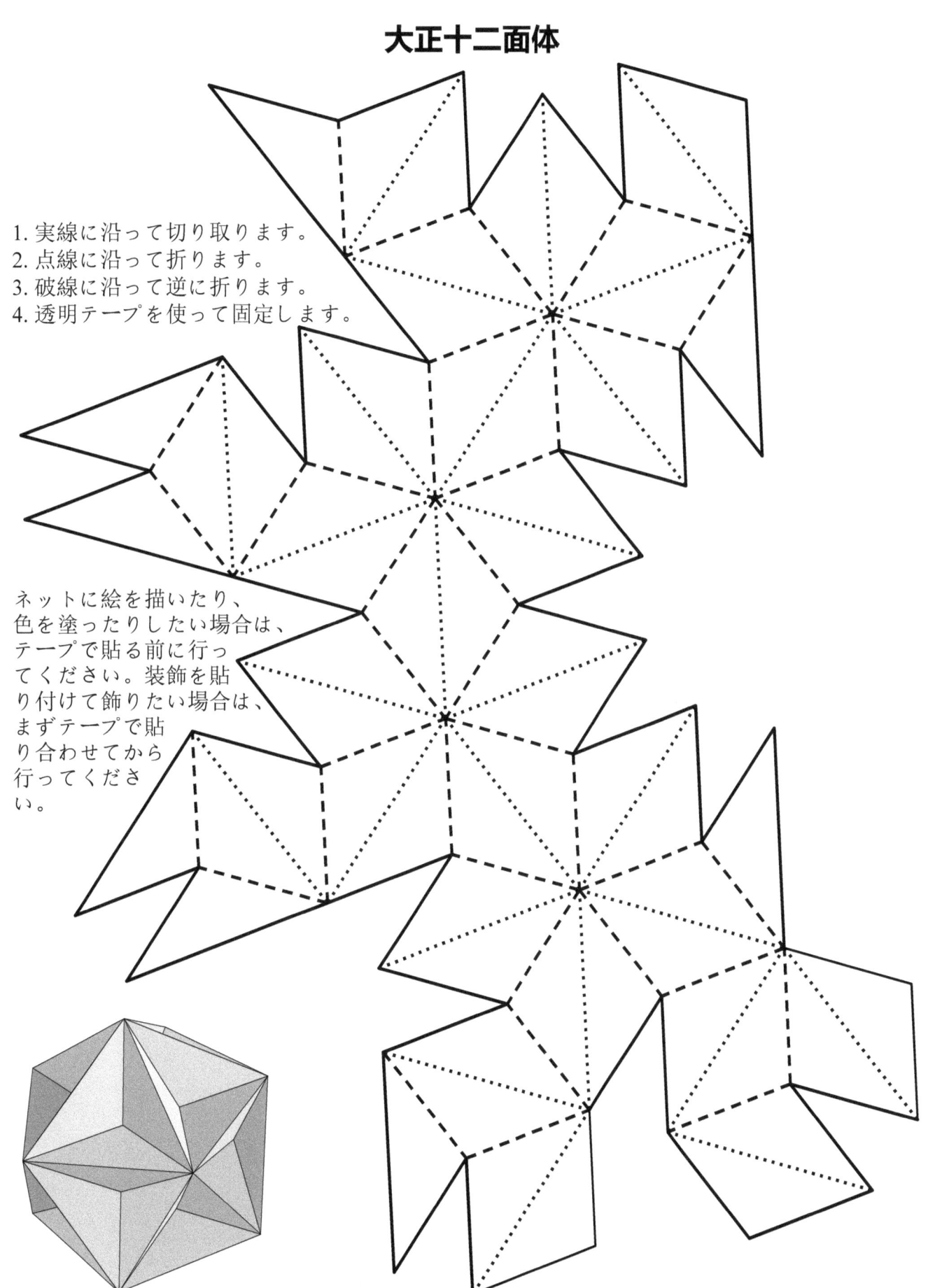

展開図 プロジェクト集 デイヴィッド・E・マクアダムスによる
著作権 2025年。詳細については著作権通知をご覧ください

大展開十二面体

1. これは二部構成の展開図です。一部はこのページにあり、もう一部は次のページにあります。
2. 両方の部分を実線に沿って切り取ります。
3. 「A」とラベルの付いているところで、二つの部分を貼り合わせます。
4. 点線に沿って折りたたみます。
5. 破線に沿って逆方向に折りたたみます。
6. 透明テープを使って固定します。

もし、展開図に絵を描いたり色を塗ったりしたい場合は、テープで貼り合わせる前に行ってください。飾りを貼り付けてデコレーションしたい場合は、まずテープで貼り合わせてから行ってください。

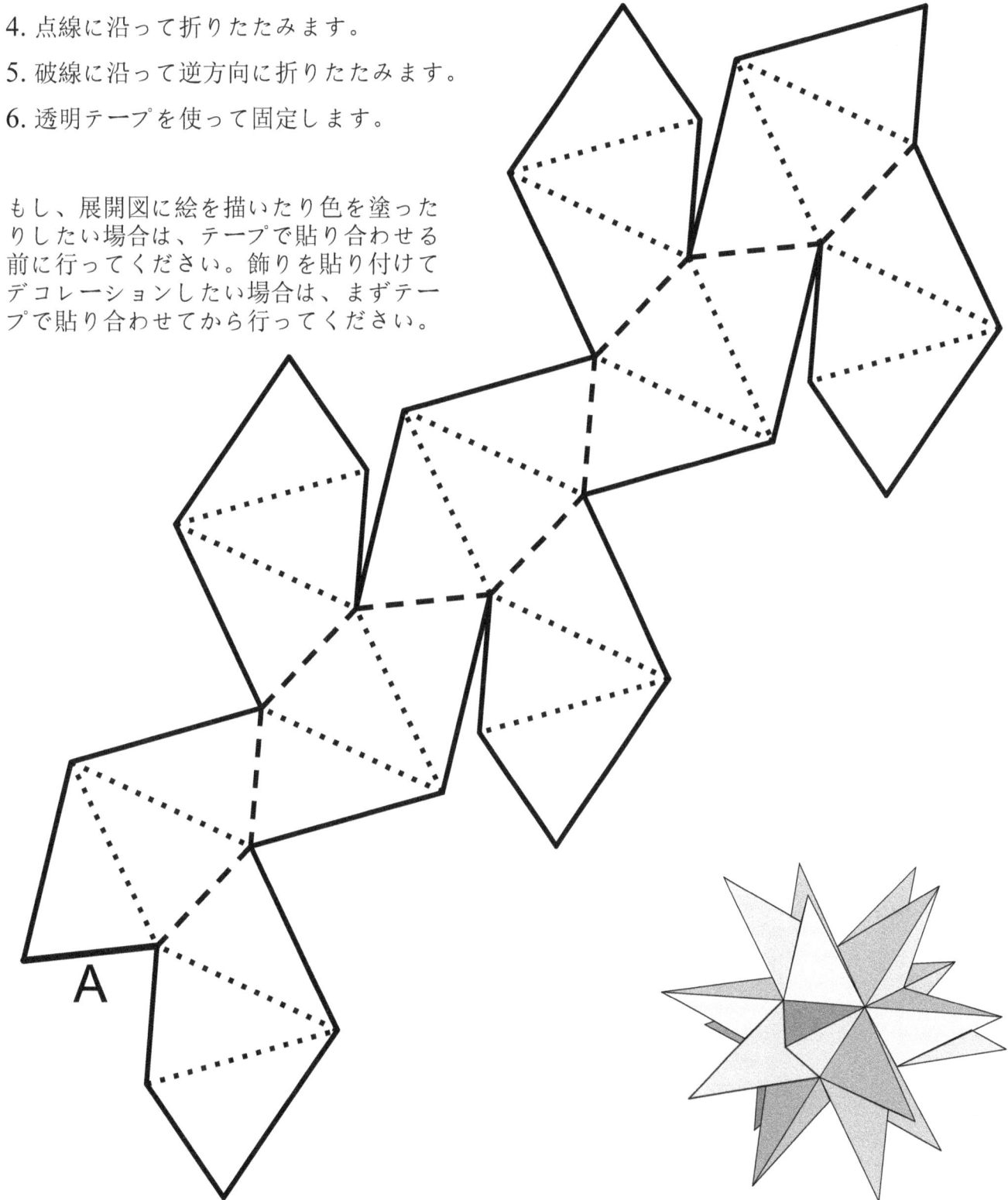

展開図 プロジェクト集デイヴィッド・E・マクアダムスによる
著作権 2025年。詳細については著作権通知をご覧ください

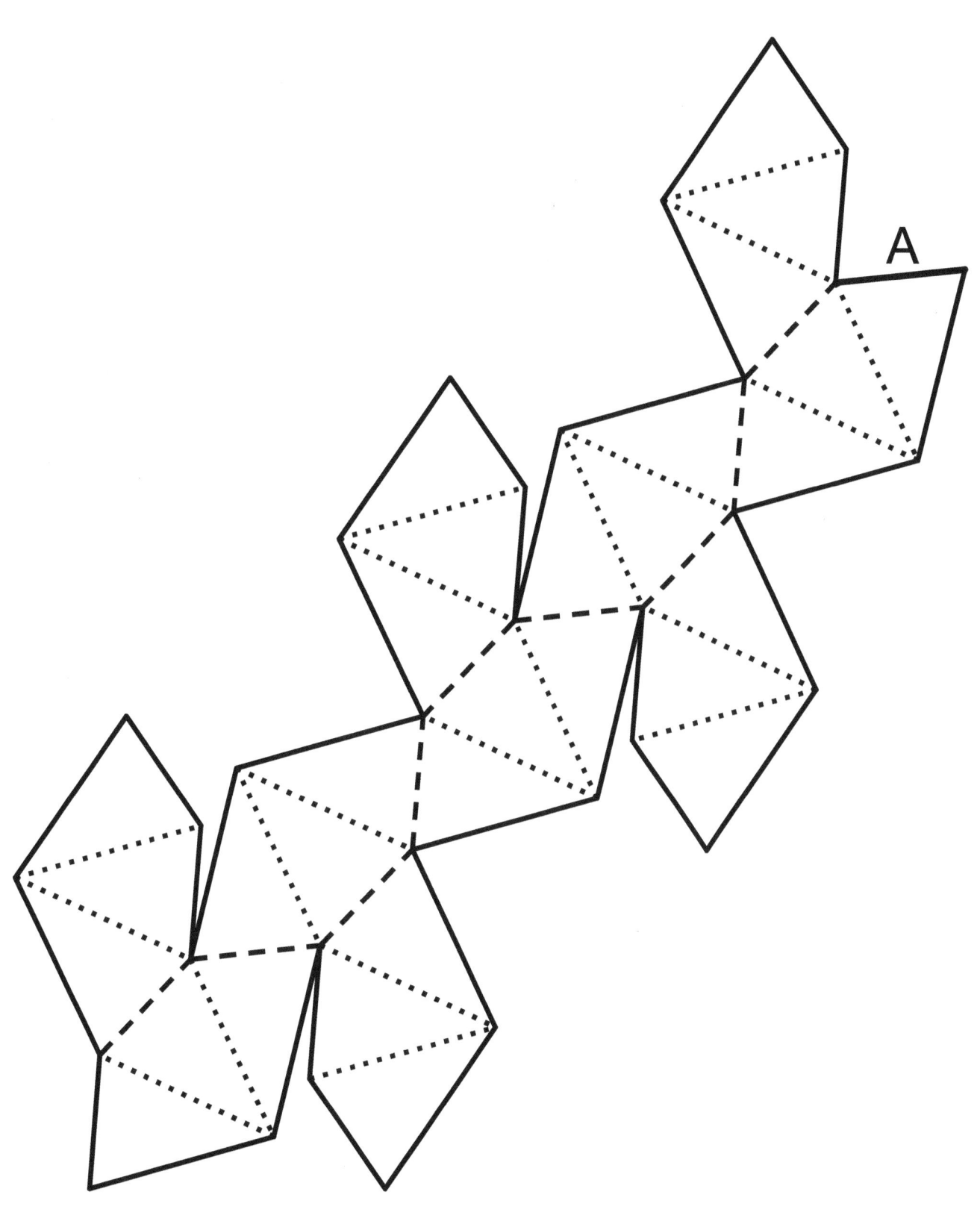

回転長方形五角錐

1. 実線に沿って切り取ります。
2. 点線に沿って折ります。
3. 透明テープを使って固定します。

ネットに絵を描いたり、色を塗ったりしたい場合は、テープで貼る前に行ってください。装飾を貼り付けたい場合は、まずテープで貼り合わせてから行ってください。

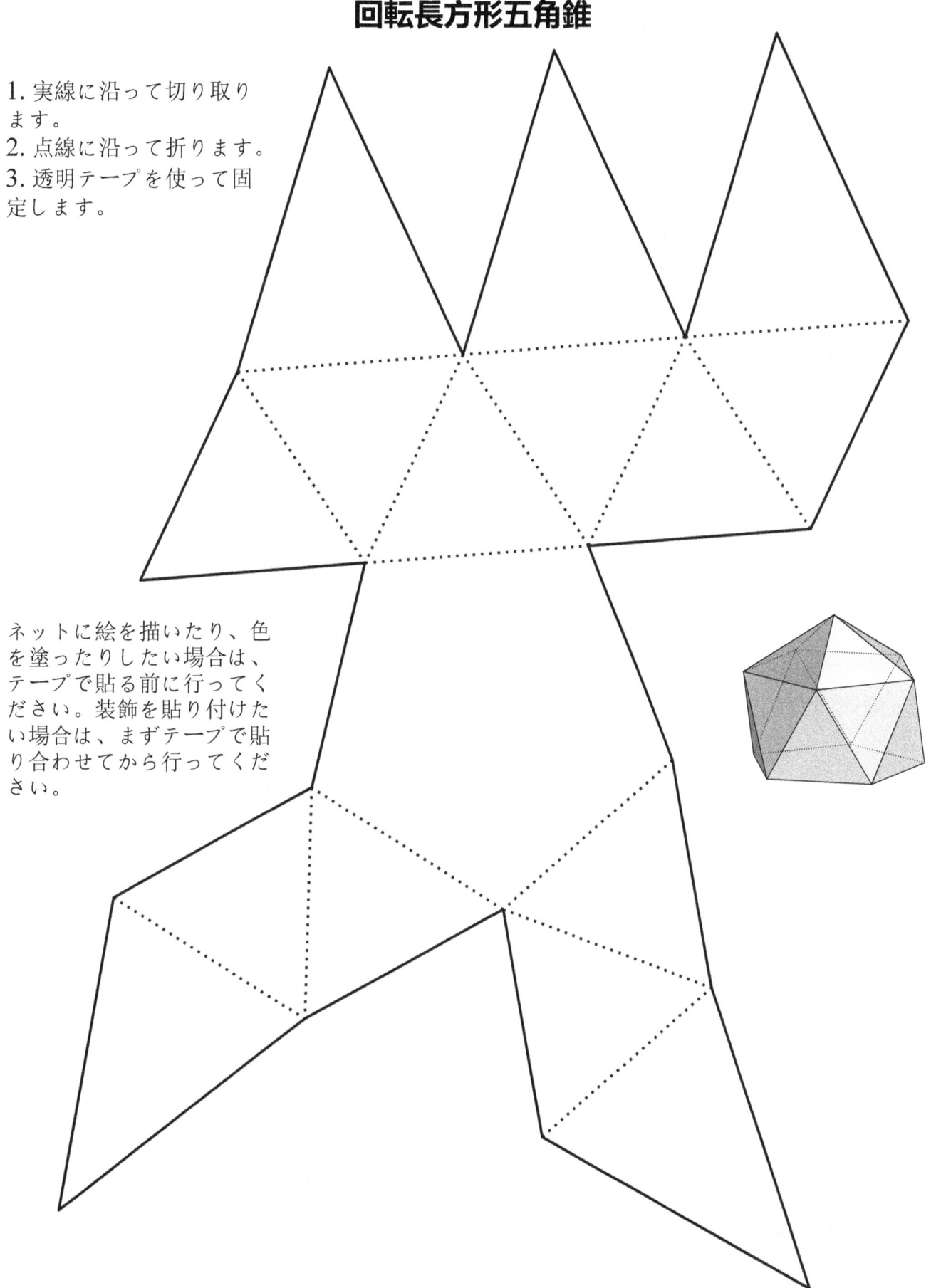

展開図 プロジェクト集 デイヴィッド・E・マクアダムスによる
著作権 2025年。詳細については著作権通知をご覧ください

回転長方形双錐

1. 実線に沿って切り取ります。
2. 点線に沿って折ります。
3. 透明テープを使って固定します。

ネットに絵を描いたり、色を塗ったりしたい場合は、テープで貼る前に行ってください。装飾を貼り付けたい場合は、まずテープで貼り合わせてから行ってください。

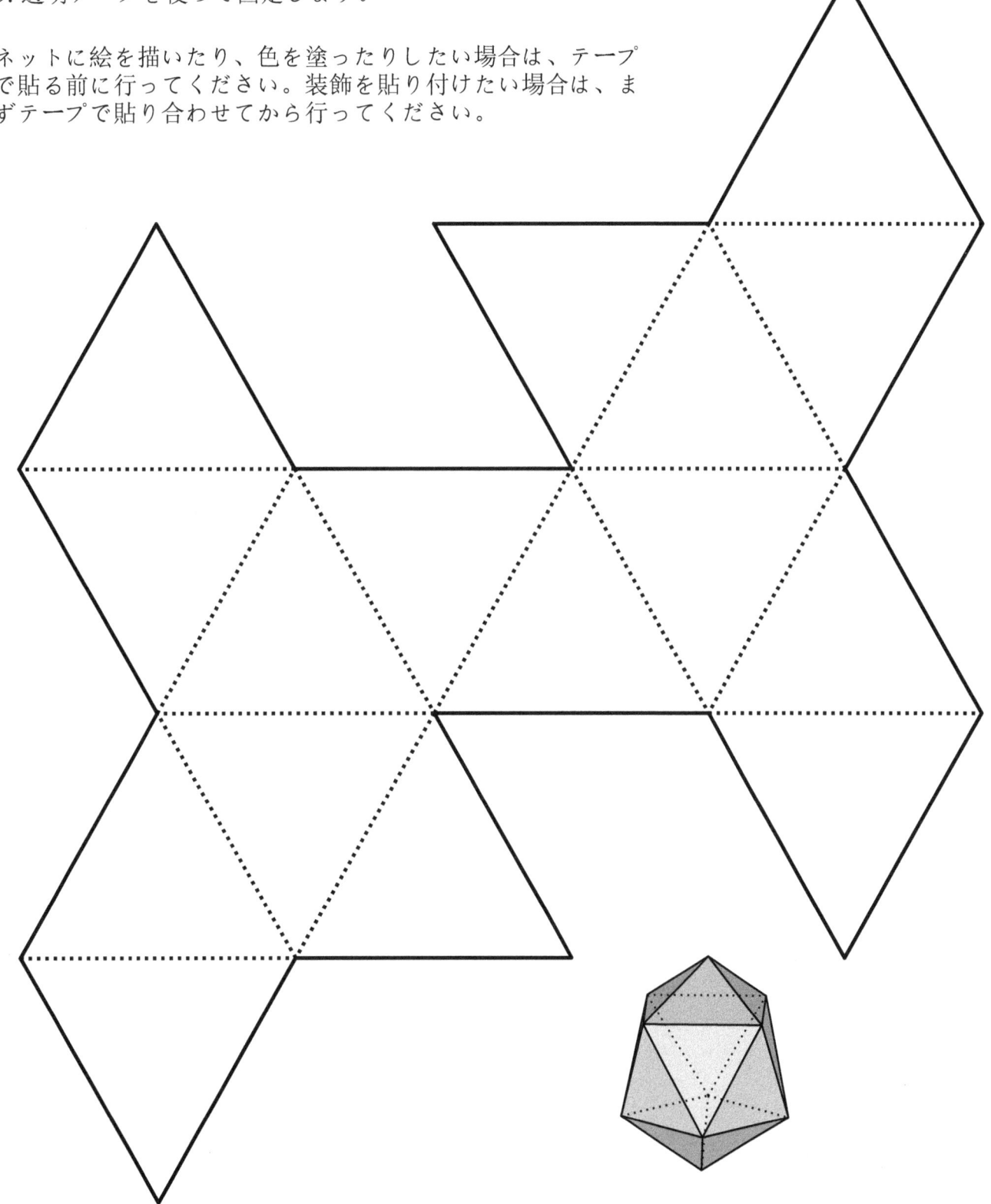

展開図 プロジェクト集デイヴィッド・E・マクアダムスによる
著作権 2025年。詳細については著作権通知をご覧ください

回転長方形角柱

1. 実線に沿って切り取ります。
2. 点線に沿って折ります。
3. 透明テープを使って固定します。

ネットに絵を描いたり、色を塗ったりしたい場合は、テープで貼る前に行ってください。装飾を貼り付けたい場合は、まずテープで貼り合わせてから行ってください。

展開図 プロジェクト集 デイヴィッド・E・マクアダムスによる
著作権 2025年。詳細については著作権通知をご覧ください

回転長方形角柱

1. 実線に沿って切り取ります。
2. 点線に沿って折ります。
3. 透明テープを使って固定します。

ネットに絵を描いたり、色を塗ったりしたい場合は、テープで貼る前に行ってください。装飾を貼り付けたい場合は、まずテープで貼り合わせてから行ってください。

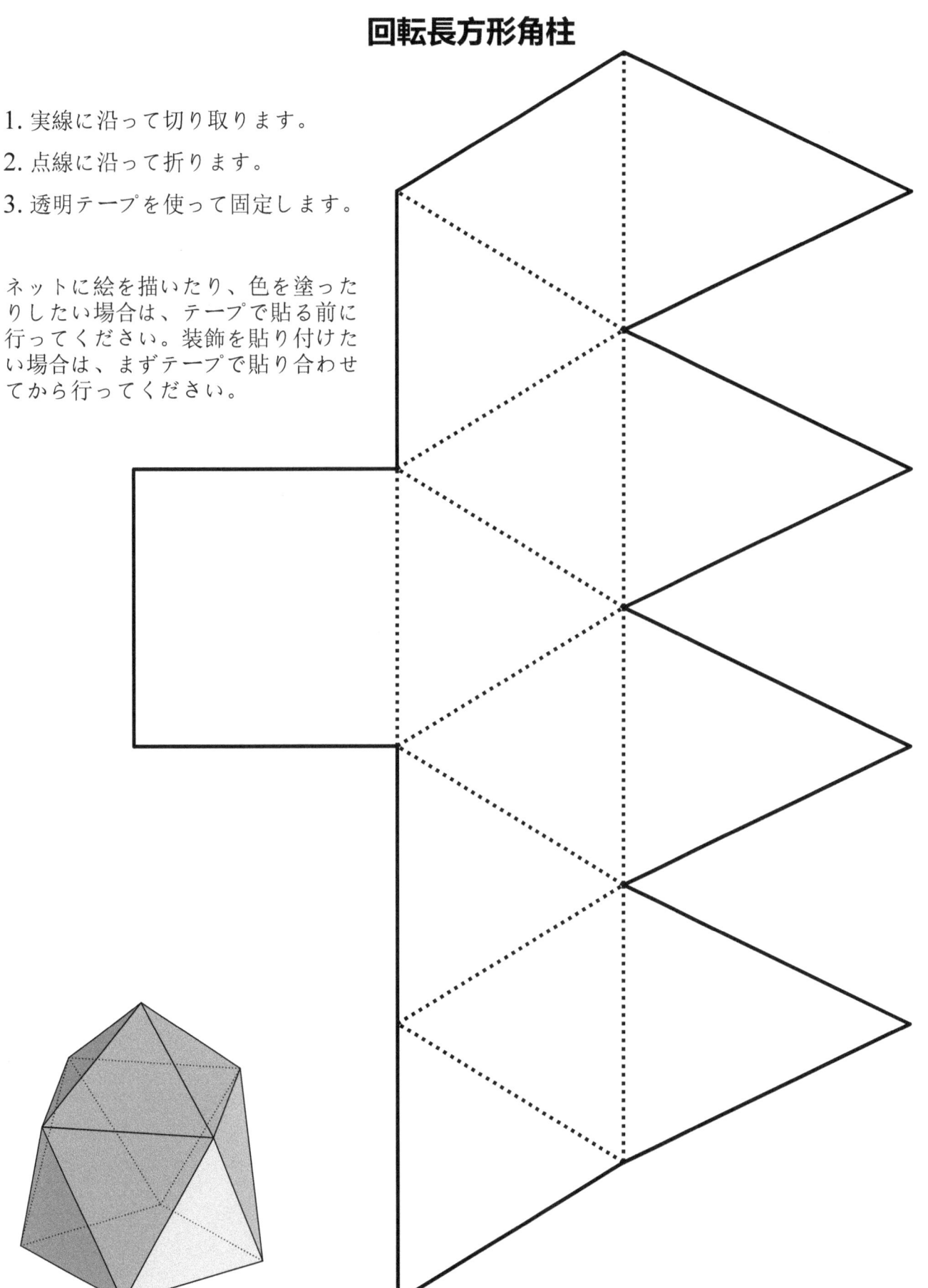

展開図 プロジェクト集 デイヴィッド・E・マクアダムスによる
著作権 2025年。詳細については著作権通知をご覧ください

七角錐

1. 実線に沿って切り取ります。
2. 点線に沿って折ります。
3. 透明テープを使って固定します。

ネットに絵を描いたり、色を塗ったりしたい場合は、テープで貼る前に行ってください。装飾を貼り付けたい場合は、まずテープで貼り合わせてから行ってください。

展開図 プロジェクト集 デイヴィッド・E・マクアダムスによる
著作権 2025 年。詳細については著作権通知をご覧ください

七面体 4,4,4,3,3,3,3

1. 実線に沿って切り取ります。
2. 点線に沿って折ります。
3. 透明テープを使って固定します。

ネットに絵を描いたり、色を塗ったりしたい場合は、テープで貼る前に行ってください。装飾を貼り付けたい場合は、まずテープで貼り合わせてから行ってください。

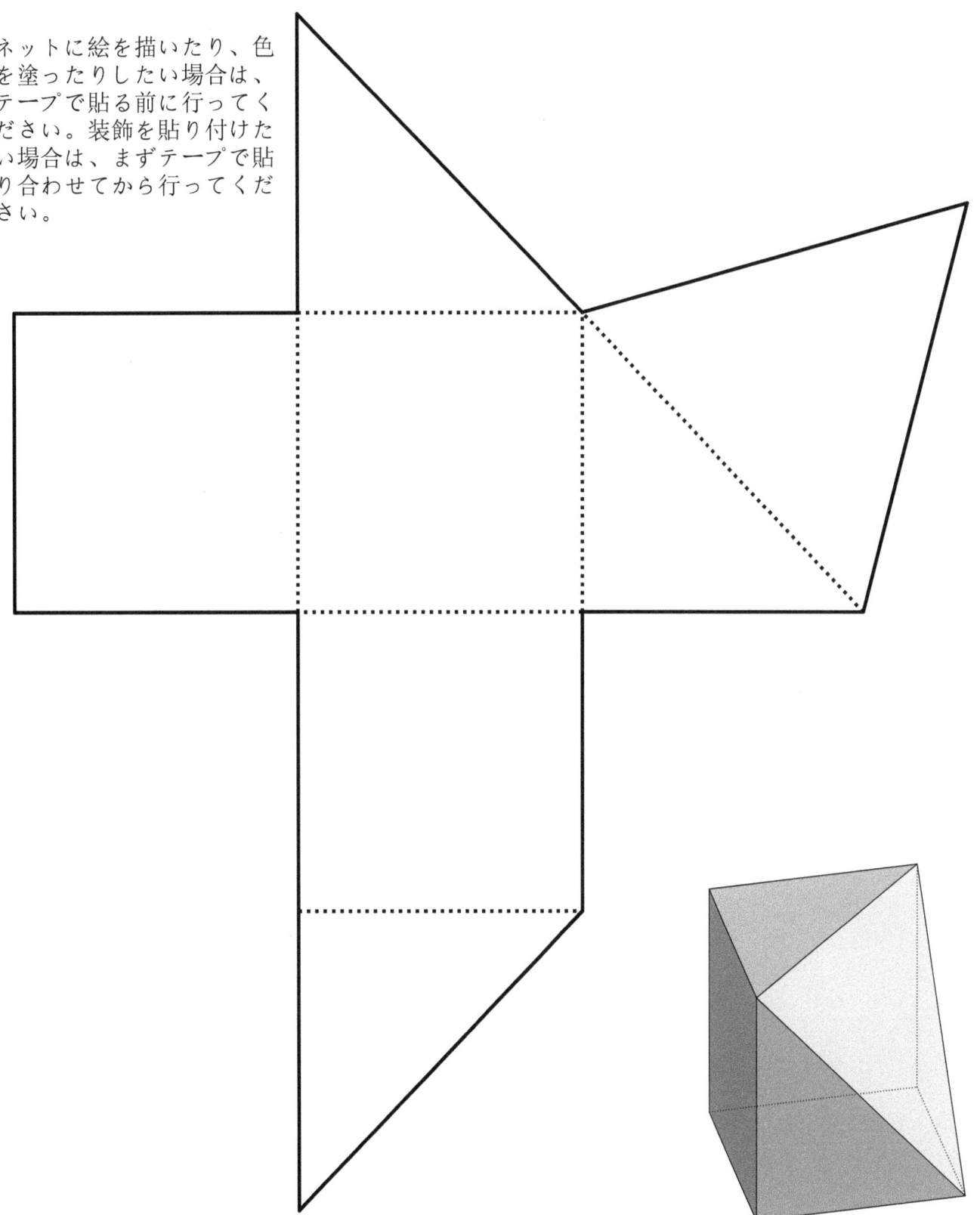

展開図 プロジェクト集 デイヴィッド・E・マクアダムスによる
著作権 2025 年。詳細については著作権通知をご覧ください

七面体 5,5,5,4,4,4,3

1. 実線に沿って切り取ります。
2. 点線に沿って折ります。
3. 透明テープを使って固定します。

ネットに絵を描いたり、色を塗ったりしたい場合は、テープで貼る前に行ってください。装飾を貼り付けたい場合は、まずテープで貼り合わせてから行ってください。

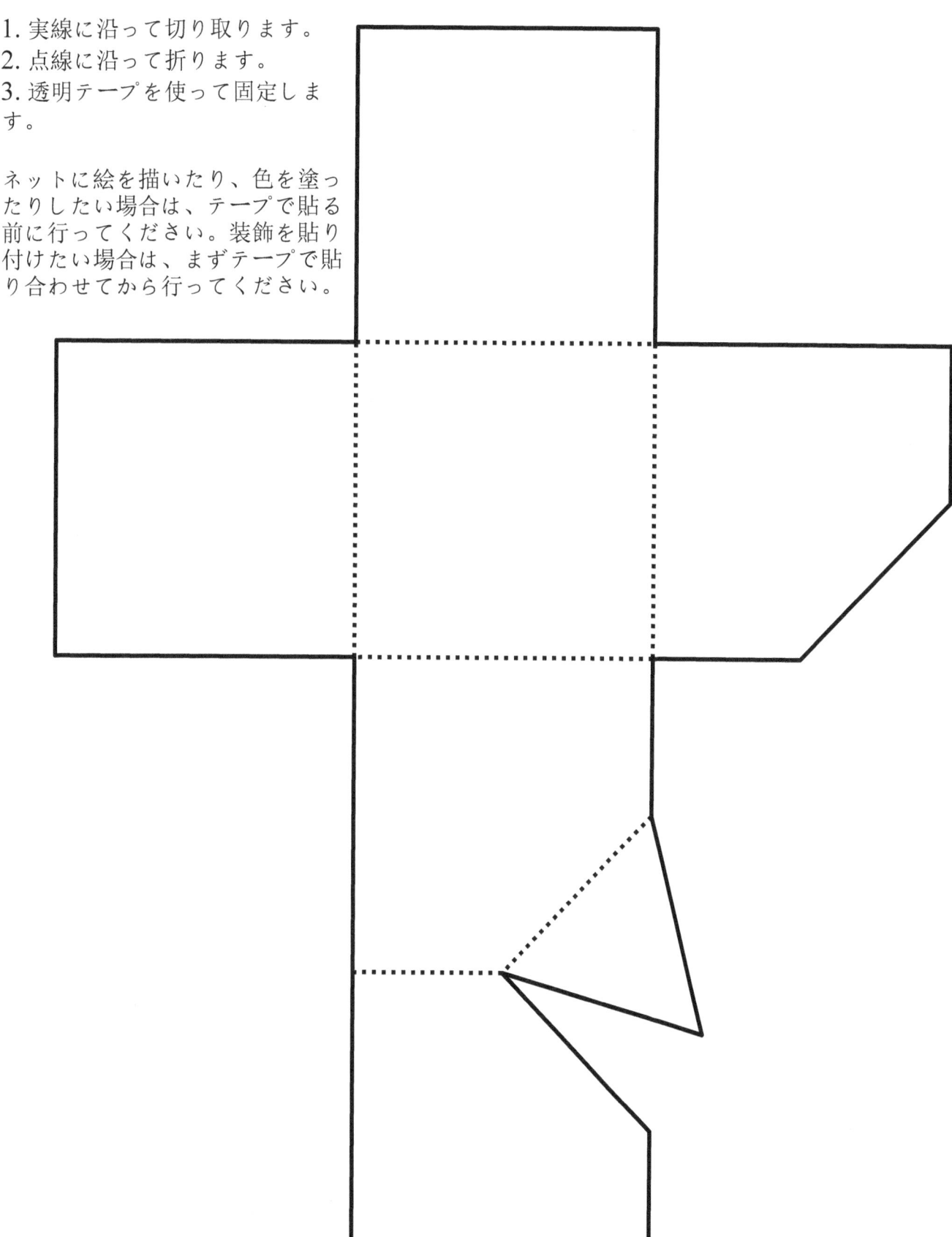

展開図 プロジェクト集 デイヴィッド・E・マクアダムスによる
著作権 2025年。詳細については著作権通知をご覧ください

七面体 6,6,4,4,4,3,3

1. 実線に沿って切り取ります。
2. 点線に沿って折ります。
3. 透明テープを使って固定します。

ネットに絵を描いたり、色を塗ったりしたい場合は、テープで貼る前に行ってください。装飾を貼り付けたい場合は、まずテープで貼り合わせてから行ってください。

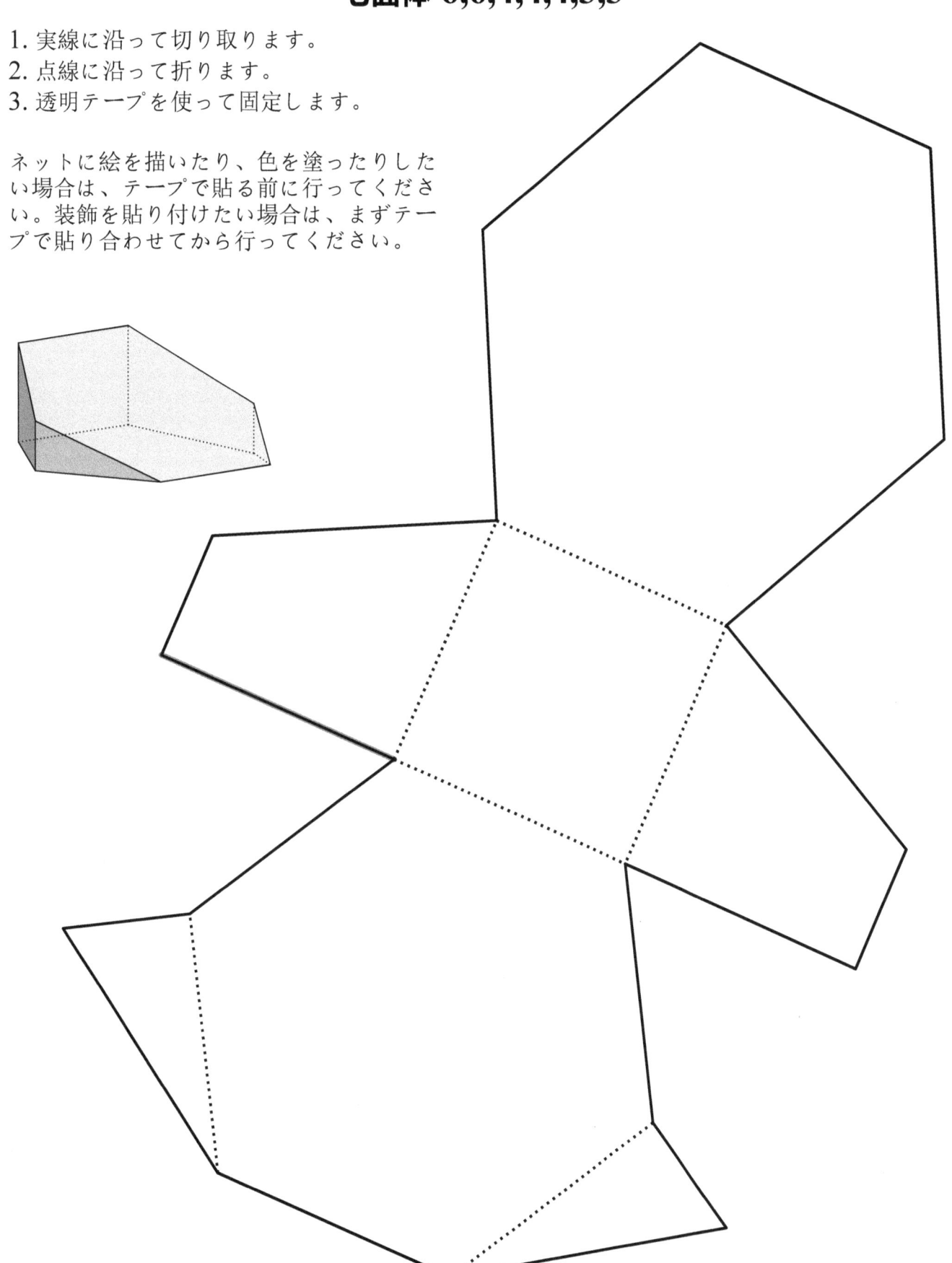

展開図 プロジェクト集 デイヴィッド・E・マクアダムスによる
著作権 2025年。詳細については著作権通知をご覧ください

六角柱

1. 実線に沿って切り取ります。
2. 点線に沿って折ります。
3. 透明テープを使って固定します。

ネットに絵を描いたり、色を塗ったりしたい場合は、テープで貼る前に行ってください。装飾を貼り付けたい場合は、まずテープで貼り合わせてから行ってください。

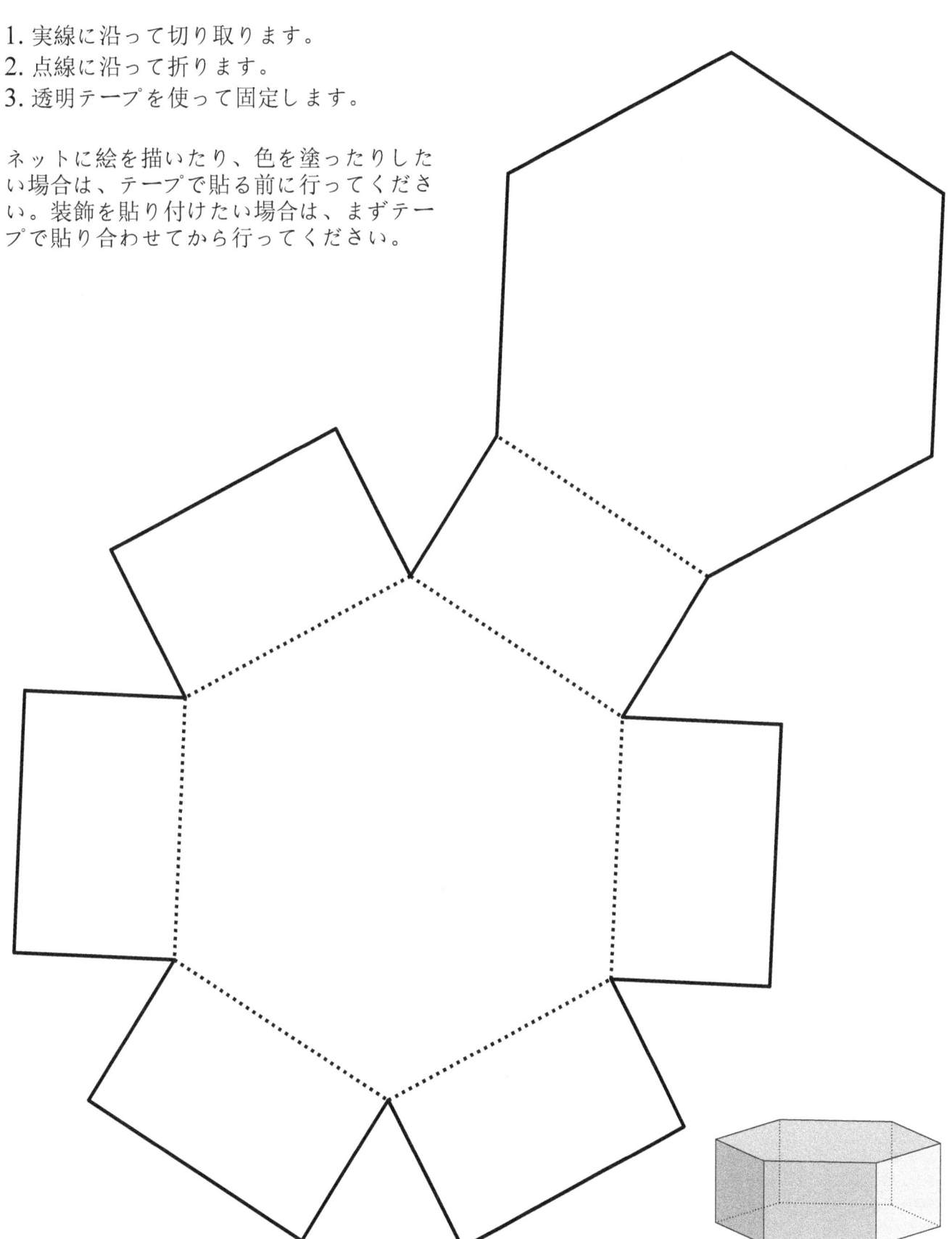

展開図 プロジェクト集 デイヴィッド・E・マクアダムスによる
著作権 2025年。詳細については著作権通知をご覧ください

六角錐

1. 実線に沿って切り取ります。
2. 点線に沿って折ります。
3. 透明テープを使って固定します。

ネットに絵を描いたり、色を塗ったりしたい場合は、テープで貼る前に行ってください。装飾を貼り付けたい場合は、まずテープで貼り合わせてから行ってください。

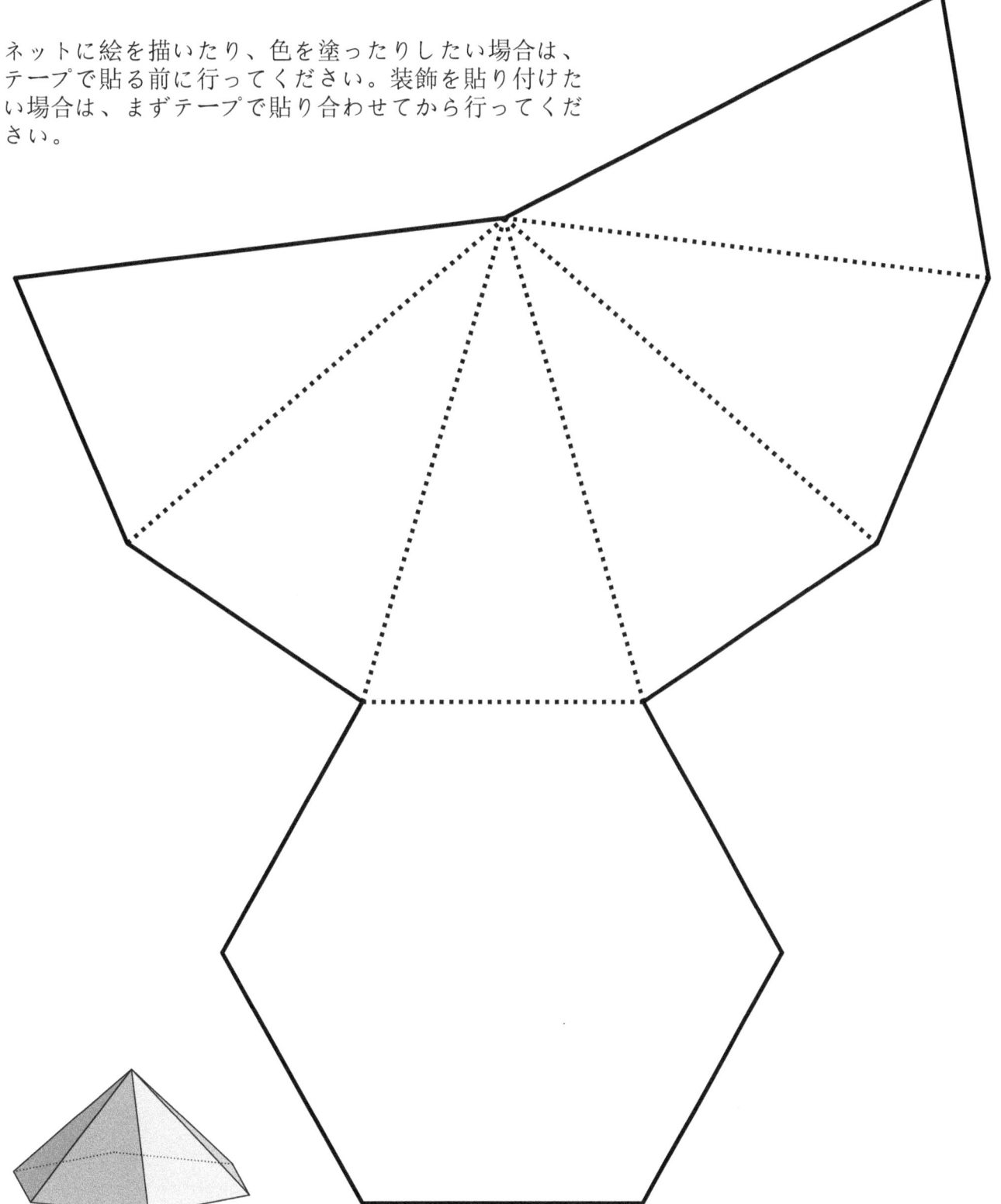

展開図 プロジェクト集 デイヴィッド・E・マクアダムスによる
著作権 2025年。詳細については著作権通知をご覧ください

七面体 4,4,4,4,3,3

1. 実線に沿って切り取ります。
2. 点線に沿って折ります。
3. 透明テープを使って固定します。

ネットに絵を描いたり、色を塗ったりしたい場合は、テープで貼る前に行ってください。装飾を貼り付けたい場合は、まずテープで貼り合わせてから行ってください。

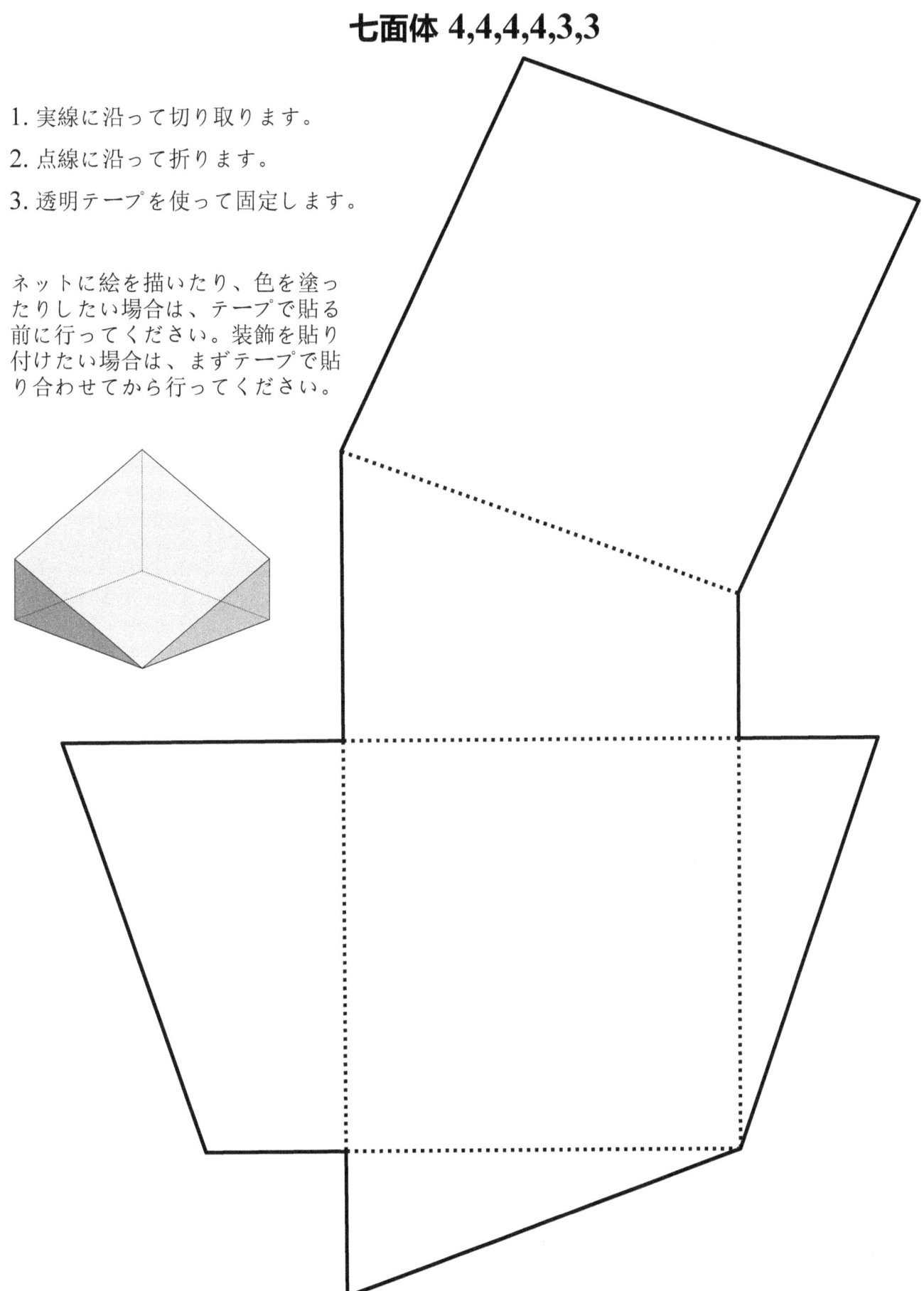

展開図 プロジェクト集 デイヴィッド・E・マクアダムスによる
著作権 2025年。詳細については著作権通知をご覧ください

七面体 5,4,4,3,3,3

1. 実線に沿って切り取ります。
2. 点線に沿って折ります。
3. 透明テープを使って固定します。

ネットに絵を描いたり、色を塗ったりしたい場合は、テープで貼る前に行ってください。装飾を貼り付けたい場合は、まずテープで貼り合わせてから行ってください。

展開図 プロジェクト集 デイヴィッド・E・マクアダムスによる
著作権 2025年。詳細については著作権通知をご覧ください

七面体 5,5,4,4,3,3

1. 実線に沿って切り取ります。
2. 点線に沿って折ります。
3. 透明テープを使って固定します。

ネットに絵を描いたり、色を塗ったりしたい場合は、テープで貼る前に行ってください。装飾を貼り付けたい場合は、まずテープで貼り合わせてから行ってください。

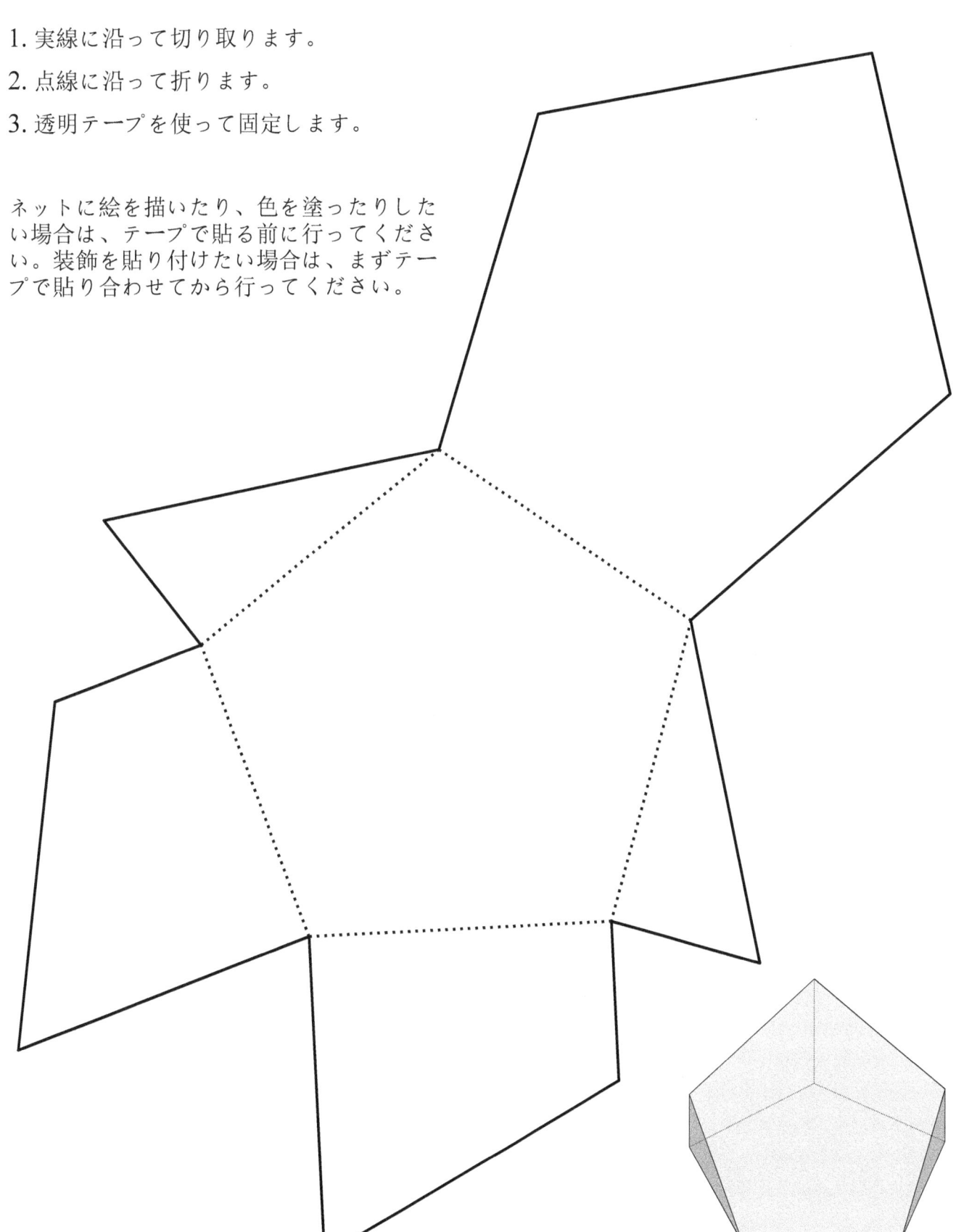

展開図 プロジェクト集 デイヴィッド・E・マクアダムスによる
著作権 2025年。詳細については著作権通知をご覧ください

正二十面体

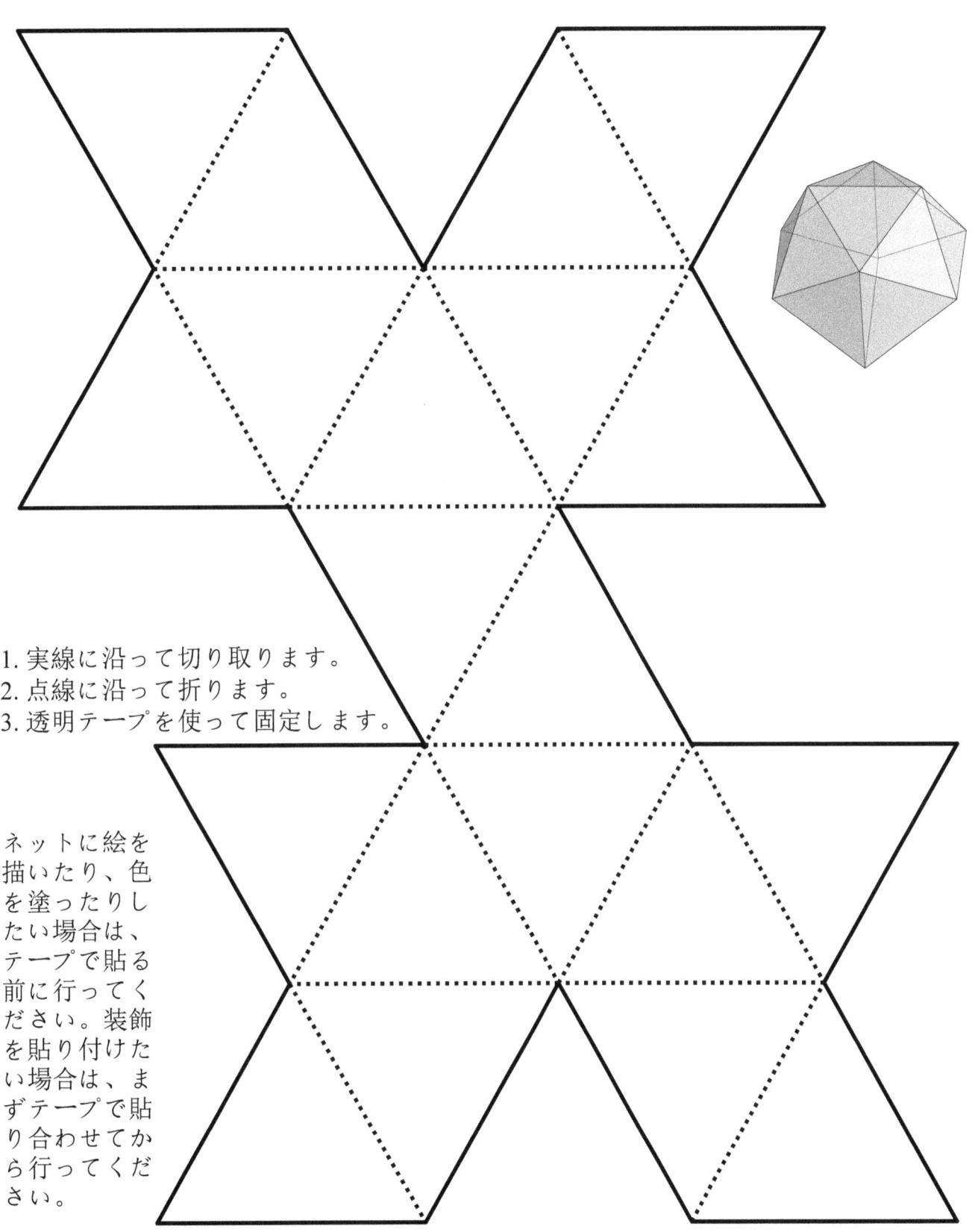

1. 実線に沿って切り取ります。
2. 点線に沿って折ります。
3. 透明テープを使って固定します。

ネットに絵を描いたり、色を塗ったりしたい場合は、テープで貼る前に行ってください。装飾を貼り付けたい場合は、まずテープで貼り合わせてから行ってください。

展開図 プロジェクト集デイヴィッド・E・マクアダムスによる
著作権 2025年。詳細については著作権通知をご覧ください

二十面体十二面体合成体

1. 実線に沿って切り取ります。
2. 点線に沿って折ります。
3. 透明テープを使って固定します。

ネットに絵を描いたり、色を塗ったりしたい場合は、テープで貼る前に行ってください。装飾を貼り付けたい場合は、まずテープで貼り合わせてから行ってください。

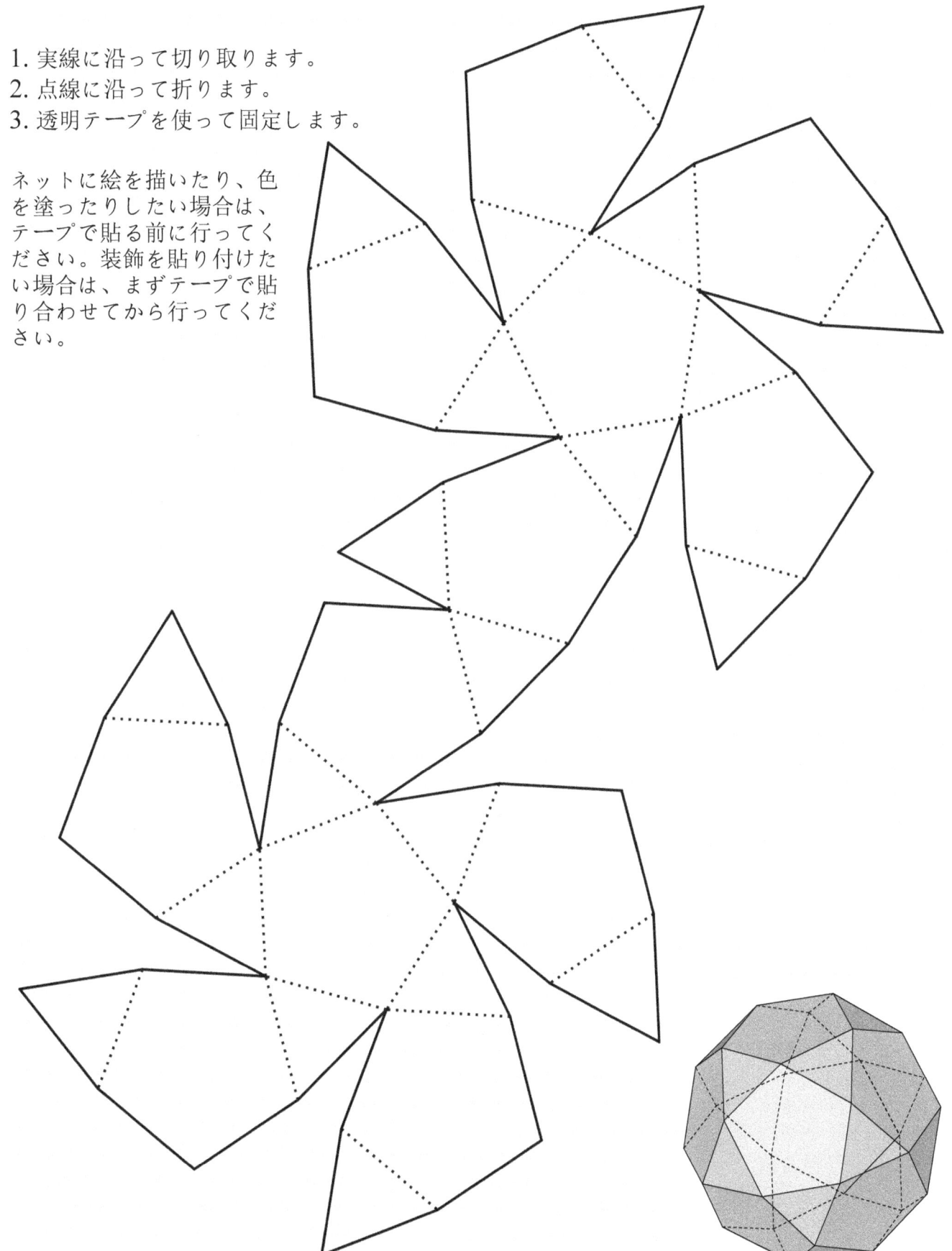

展開図 プロジェクト集デイヴィッド・E・マクアダムスによる
著作権 2025年。詳細については著作権通知をご覧ください

斜め四角錐

1. 実線に沿って切り取ります。
2. 点線に沿って折ります。
3. 透明テープを使って固定します。

ネットに絵を描いたり、色を塗ったりしたい場合は、テープで貼る前に行ってください。装飾を貼り付けたい場合は、まずテープで貼り合わせてから行ってください。

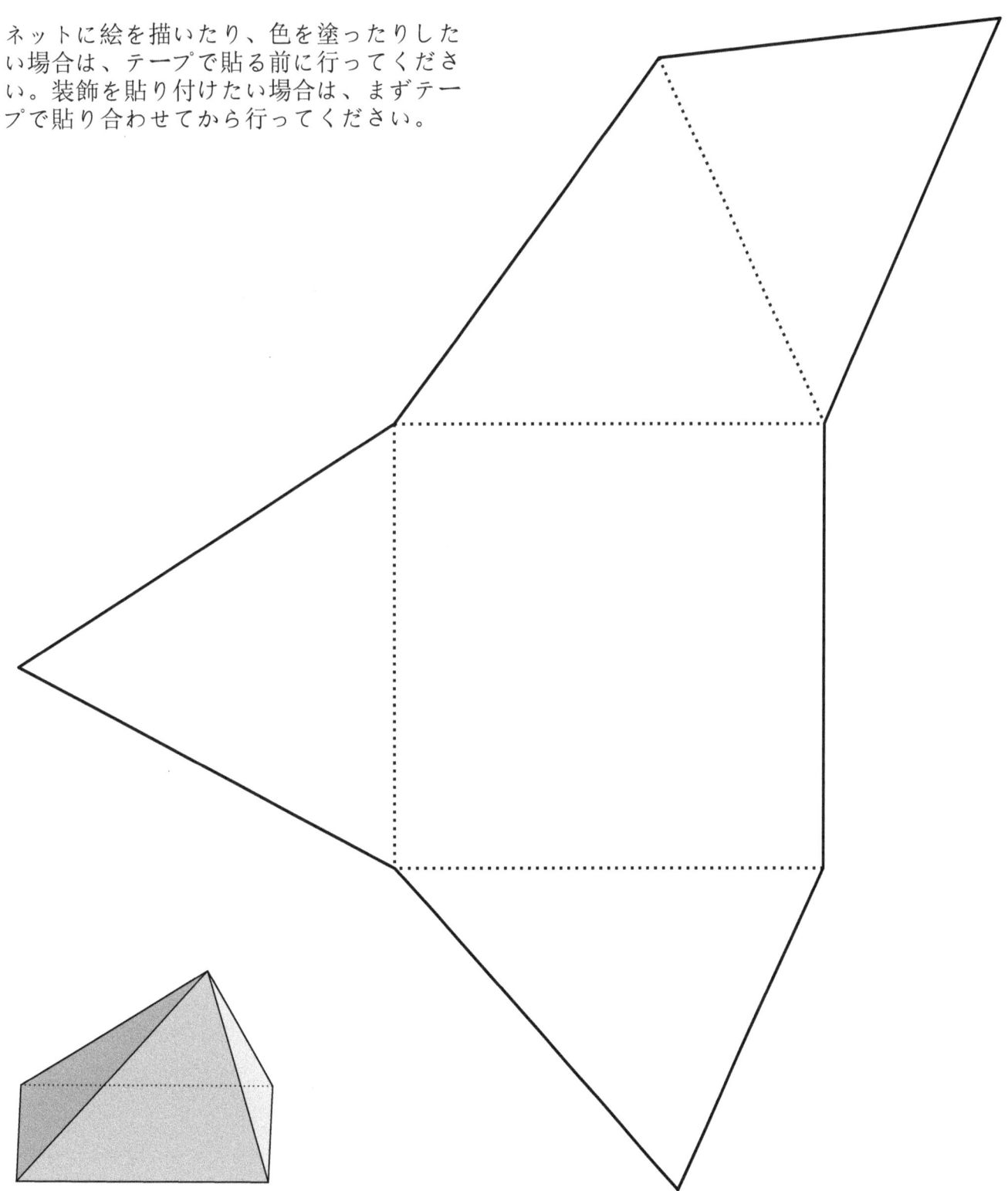

八角逆錐

1. 実線に沿って切り取ります。
2. 点線に沿って折ります。
3. 透明テープを使って固定します。

ネットに絵を描いたり、色を塗ったりしたい場合は、テープで貼る前に行ってください。装飾を貼り付けたい場合は、まずテープで貼り合わせてから行ってください。

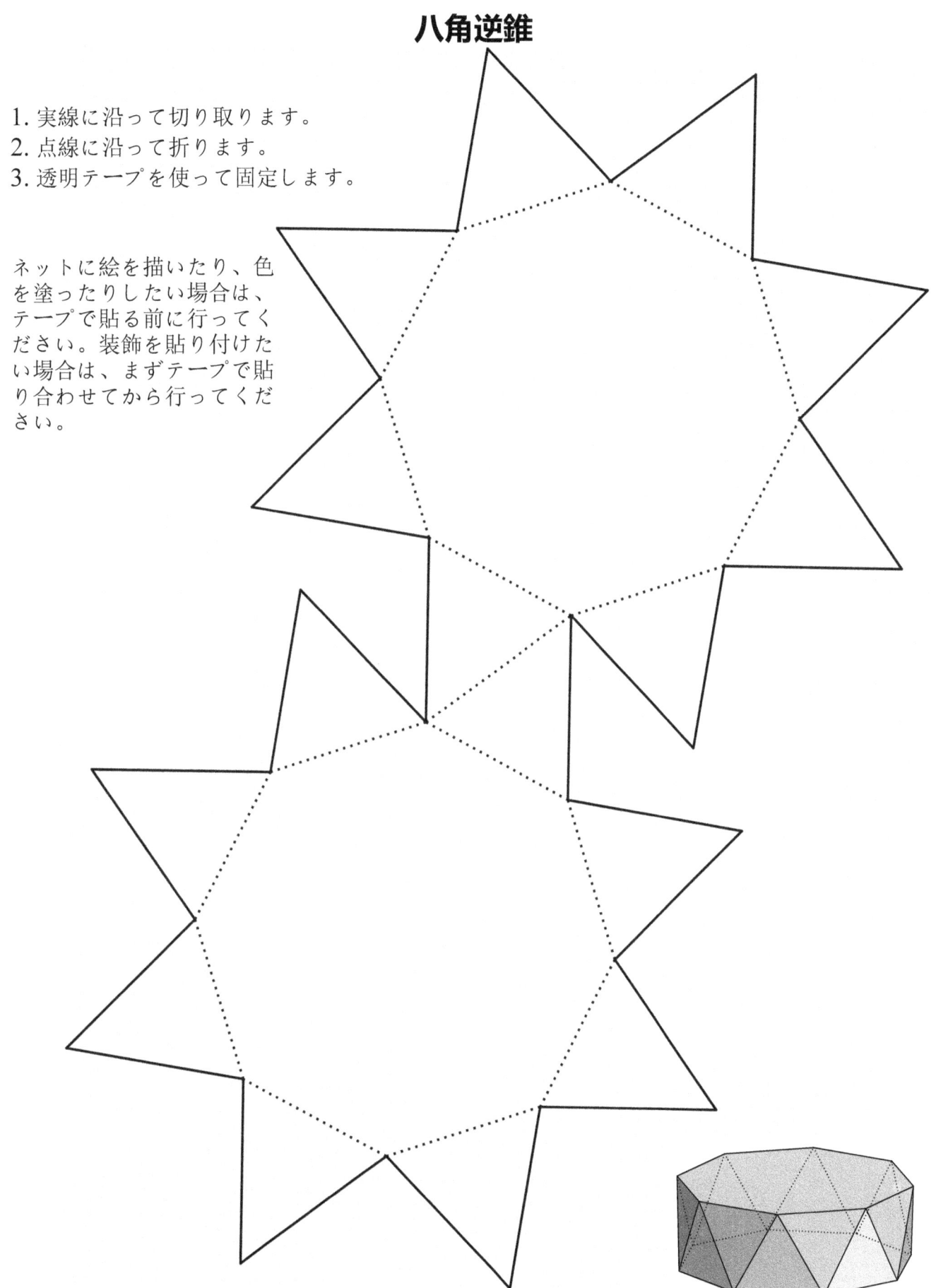

展開図 プロジェクト集 デイヴィッド・E・マクアダムスによる
著作権 2025年。詳細については著作権通知をご覧ください

正八面体

この多面体は、正方形の双角錐とも呼ばれます。

1. 実線に沿って切り取ります。
2. 点線に沿って折ります。
3. 透明テープを使って固定します。

ネットに絵を描いたり、色を塗ったりしたい場合は、テープで貼る前に行ってください。装飾を貼り付けたい場合は、まずテープで貼り合わせてから行ってください。

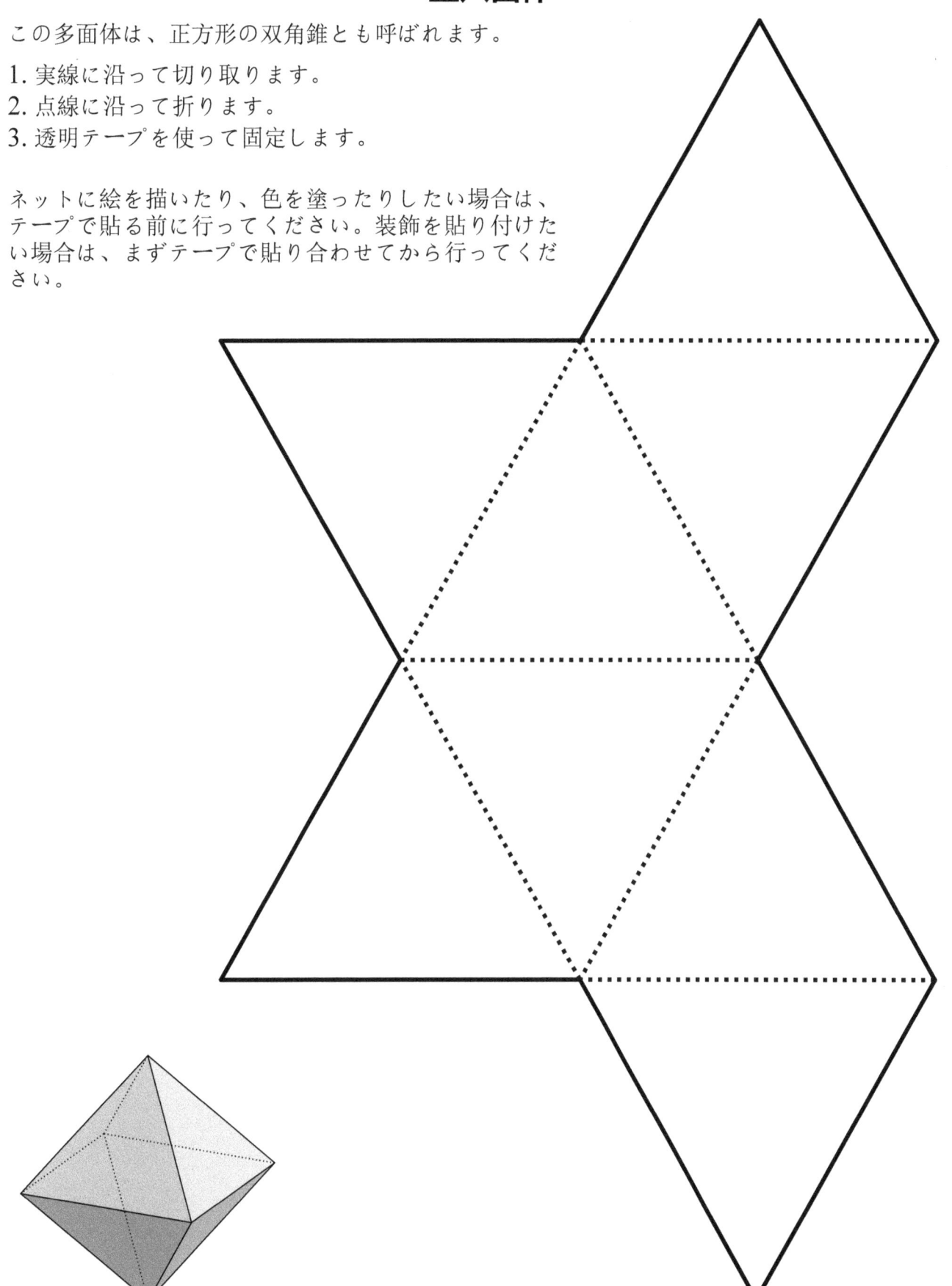

展開図 プロジェクト集 デイヴィッド・E・マクアダムスによる
著作権 2025年。詳細については著作権通知をご覧ください

五角逆錐

1. 実線に沿って切り取ります。
2. 点線に沿って折ります。
3. 透明テープを使って固定します。

ネットに絵を描いたり、色を塗ったりしたい場合は、テープで貼る前に行ってください。装飾を貼り付けたい場合は、まずテープで貼り合わせてから行ってください。

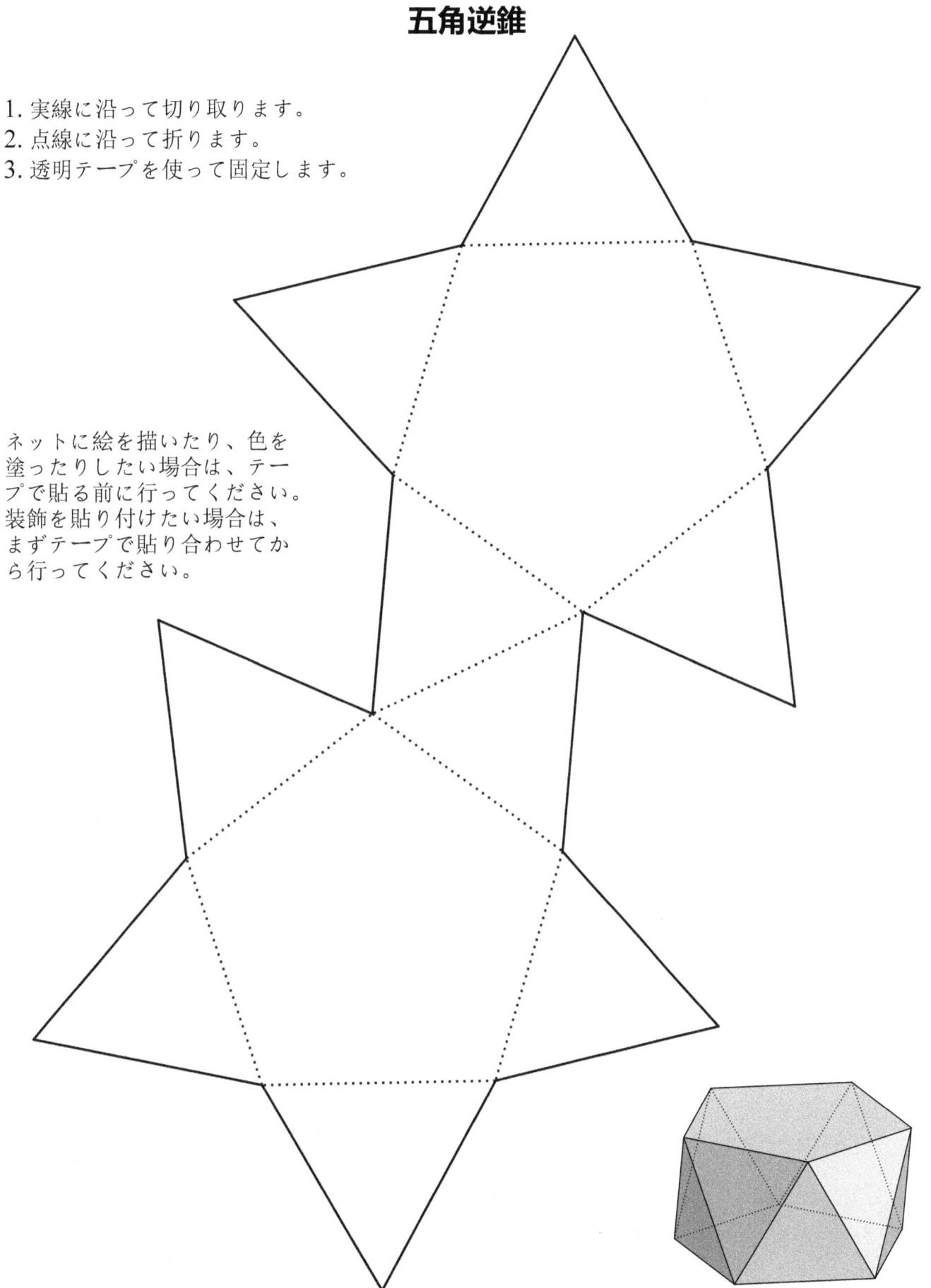

展開図 プロジェクト集 デイヴィッド・E・マクアダムスによる
著作権 2025年。詳細については著作権通知をご覧ください

五角錐屋根

1. 実線に沿って切り取ります。
2. 点線に沿って折ります。
3. 透明テープを使って固定します。

ネットに絵を描いたり、色を塗ったりしたい場合は、テープで貼る前に行ってください。装飾を貼り付けたい場合は、まずテープで貼り合わせてから行ってください。

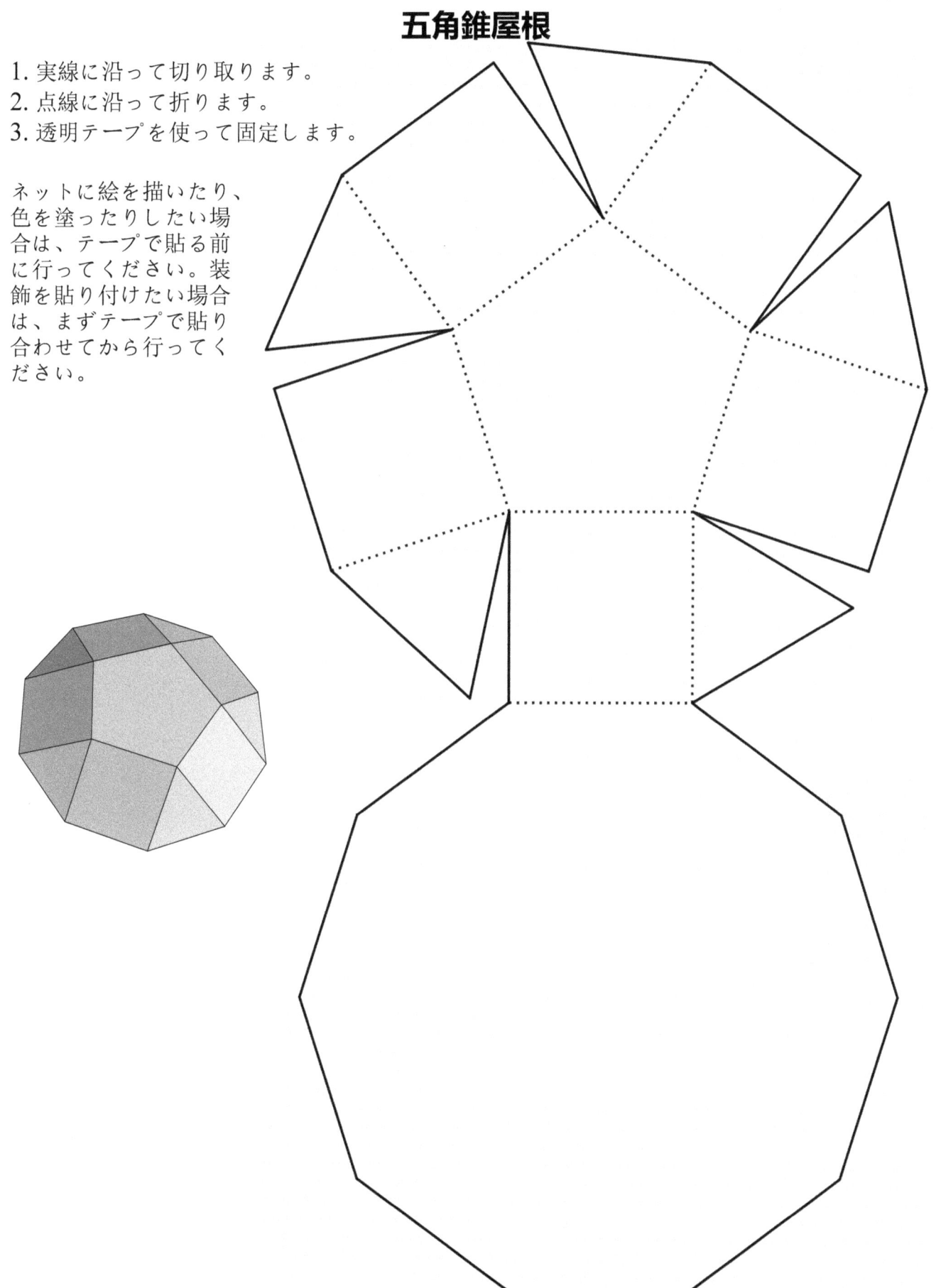

展開図 プロジェクト集 デイヴィッド・E・マクアダムスによる
著作権 2025年。詳細については著作権通知をご覧ください

五角双錐

1. 実線に沿って切り取ります。
2. 点線に沿って折ります。
3. 透明テープを使って固定します。

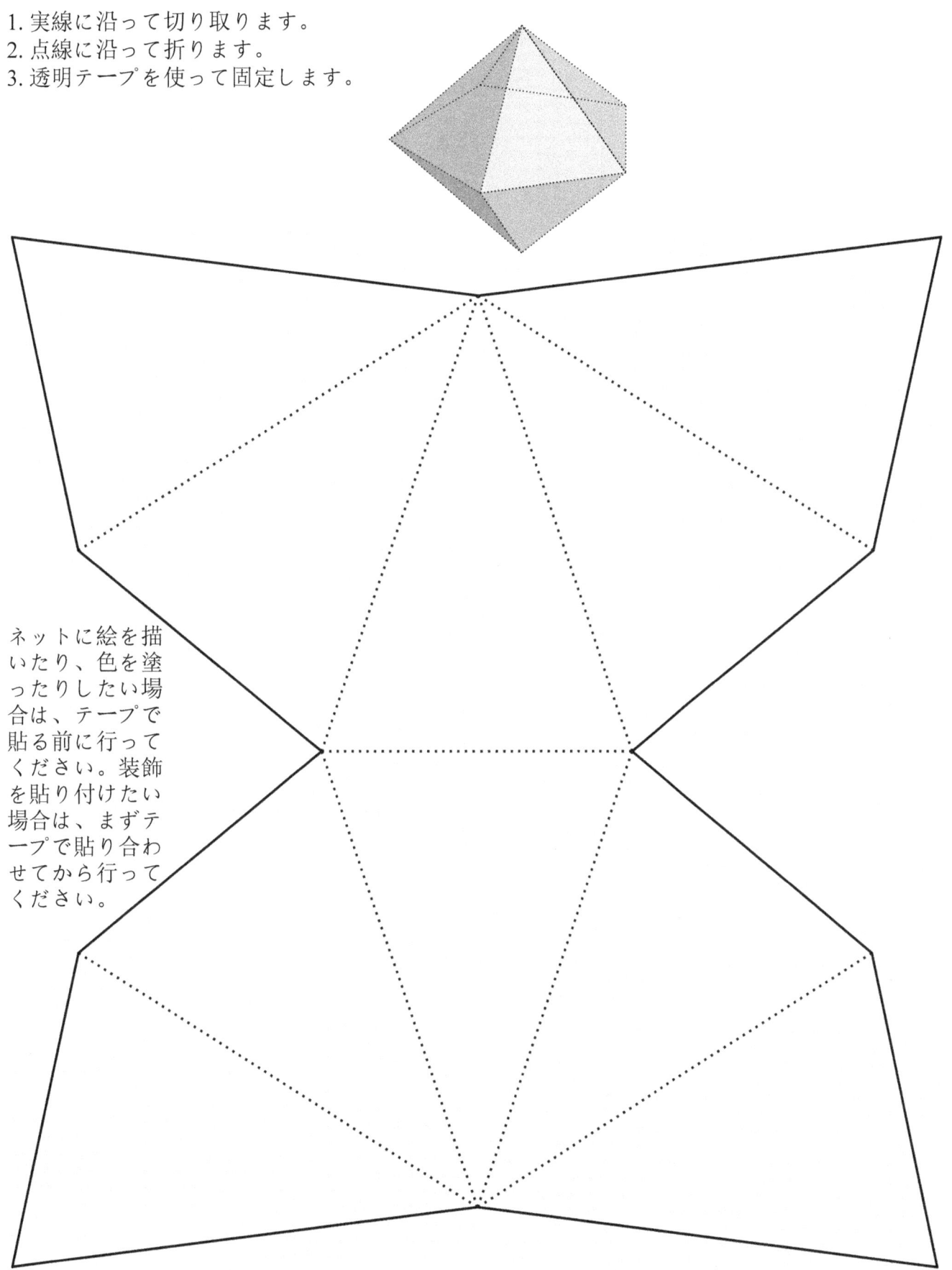

ネットに絵を描いたり、色を塗ったりしたい場合は、テープで貼る前に行ってください。装飾を貼り付けたい場合は、まずテープで貼り合わせてから行ってください。

展開図 プロジェクト集 デイヴィッド・E・マクアダムスによる
著作権 2025年。詳細については著作権通知をご覧ください

五角柱

1. 実線に沿って切り取ります。
2. 点線に沿って折ります。
3. 透明テープを使って固定します。

ネットに絵を描いたり、色を塗ったりしたい場合は、テープで貼る前に行ってください。装飾を貼り付けたい場合は、まずテープで貼り合わせてから行ってください。

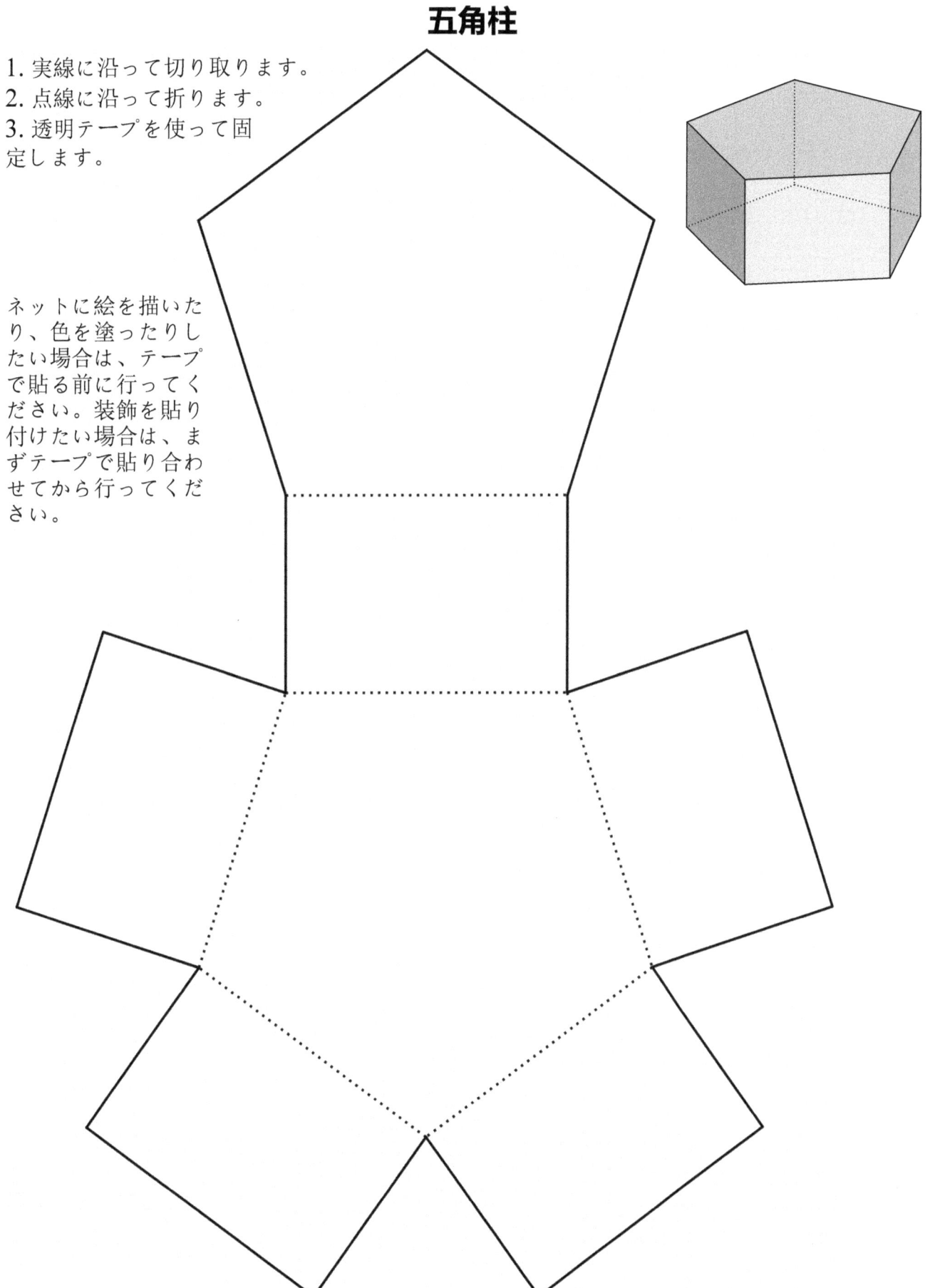

展開図 プロジェクト集 デイヴィッド・E・マクアダムスによる
著作権 2025年。詳細については著作権通知をご覧ください

五角錐

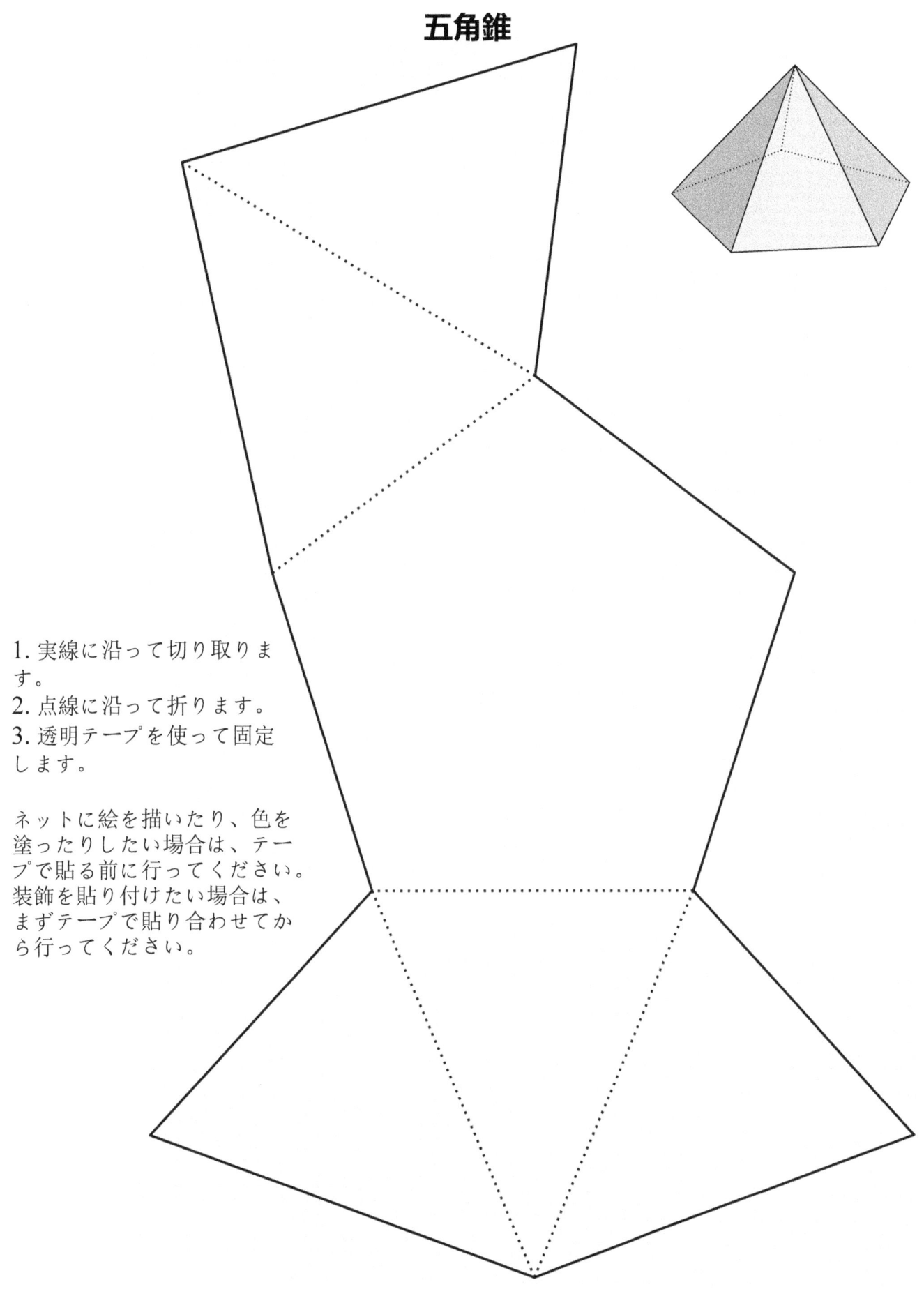

1. 実線に沿って切り取ります。
2. 点線に沿って折ります。
3. 透明テープを使って固定します。

ネットに絵を描いたり、色を塗ったりしたい場合は、テープで貼る前に行ってください。装飾を貼り付けたい場合は、まずテープで貼り合わせてから行ってください。

五角形のロタンダ

1. 実線に沿って切り取ります。
2. 点線に沿って折ります。
3. 透明テープを使って固定します。

ネットに絵を描いたり、色を塗ったりしたい場合は、テープで貼る前に行ってください。装飾を貼り付けたい場合は、まずテープで貼り合わせてから行ってください。

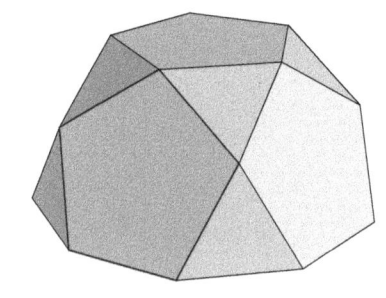

展開図 プロジェクト集デイヴィッド・E・マクアダムスによる
著作権 2025年。詳細については著作権通知をご覧ください

五角星の星柱

1. 実線に沿って切り取ります。
2. 点線に沿って折ります。
3. 透明テープを使って固定します。

ネットに絵を描いたり、色を塗ったりしたい場合は、テープで貼る前に行ってください。装飾を貼り付けたい場合は、まずテープで貼り合わせてから行ってください。

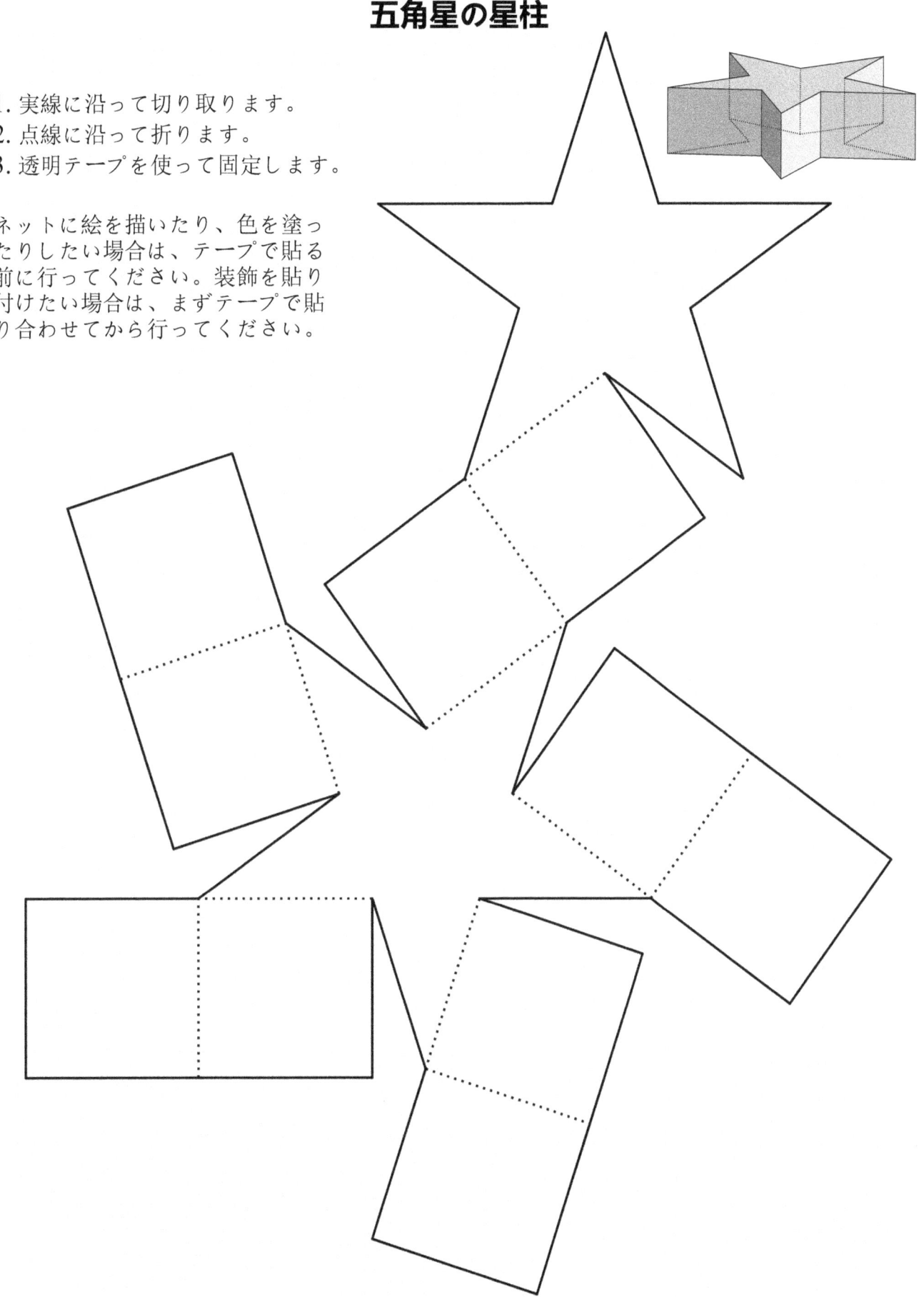

展開図 プロジェクト集デイヴィッド・E・マクアダムスによる
著作権 2025年。詳細については著作権通知をご覧ください

長方形のピラミッド

1. 実線に沿って切り取ります。
2. 点線に沿って折ります。
3. 透明テープを使って固定します。

ネットに絵を描いたり、色を塗ったりしたい場合は、テープで貼る前に行ってください。装飾を貼り付けたい場合は、まずテープで貼り合わせてから行ってください。

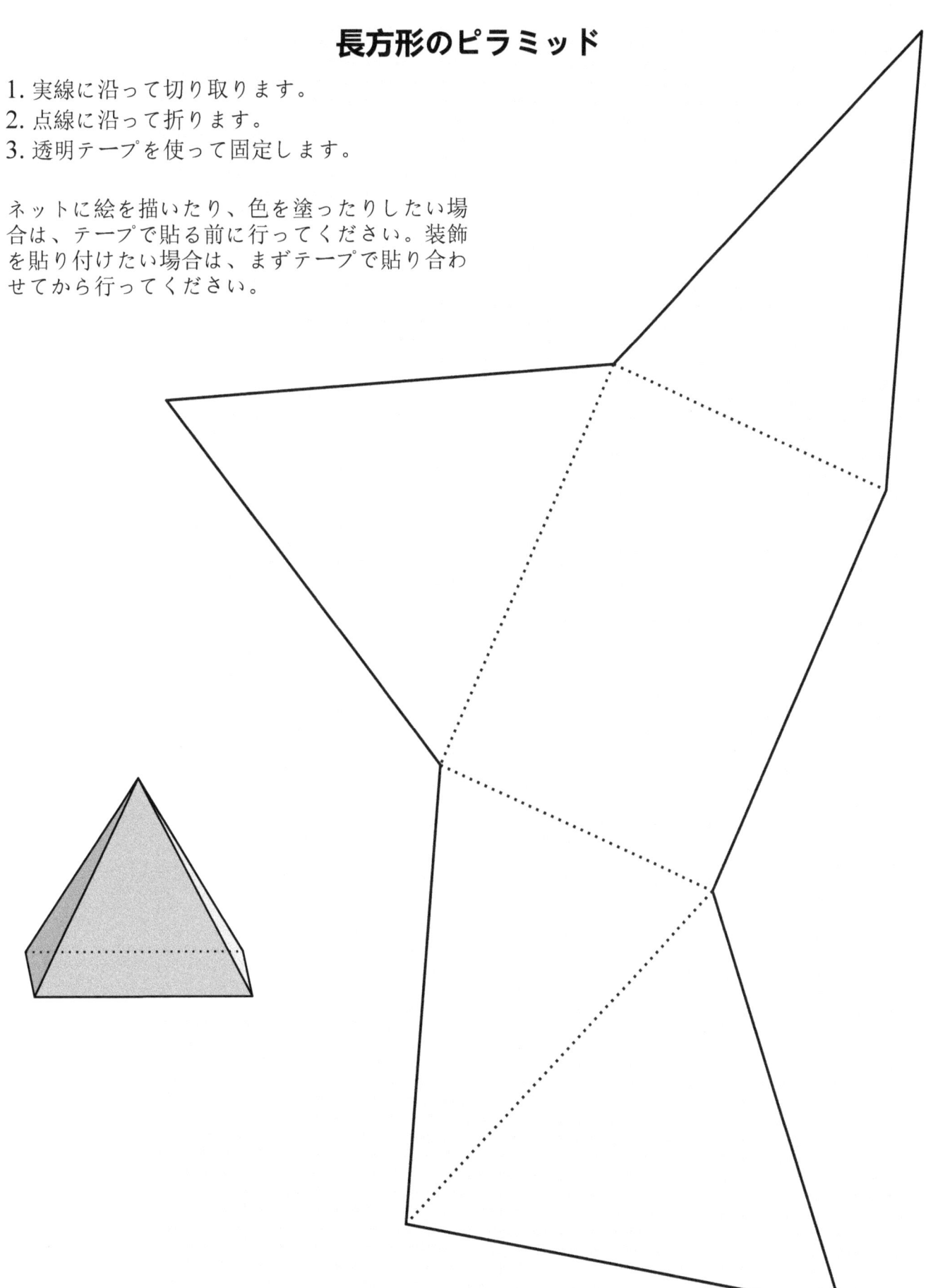

展開図 プロジェクト集デイヴィッド・E・マクアダムスによる
著作権 2025年。詳細については著作権通知をご覧ください

菱形柱

1. 実線に沿って切り取ります。
2. 点線に沿って折ります。
3. 透明テープを使って固定します。

ネットに絵を描いたり、色を塗ったりしたい場合は、テープで貼る前に行ってください。装飾を貼り付けたい場合は、まずテープで貼り合わせてから行ってください。

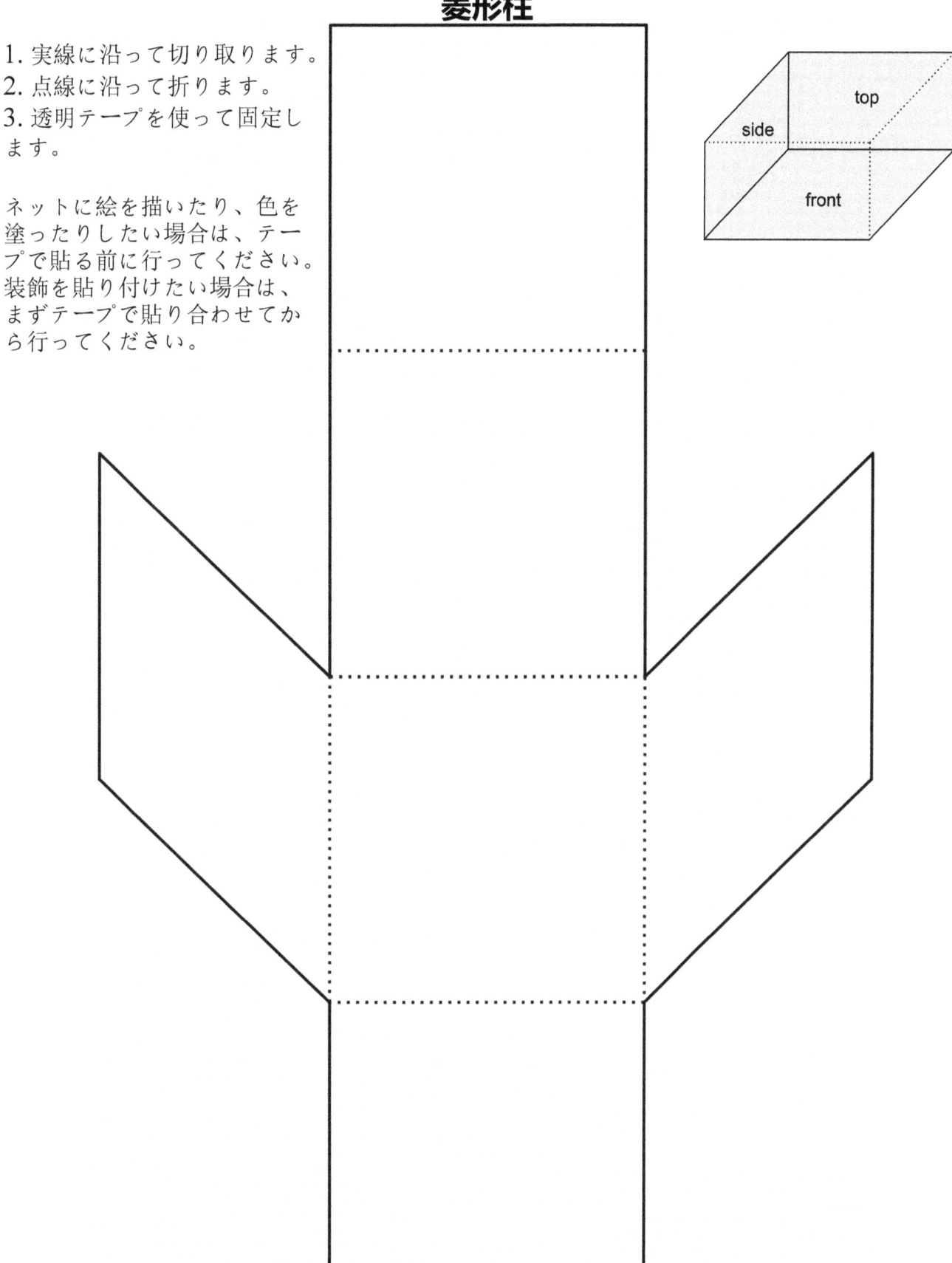

展開図 プロジェクト集 デイヴィッド・E・マクアダムスによる
著作権 2025年。詳細については著作権通知をご覧ください

斜方立方八面体

1. 実線に沿って切り取ります。
2. 点線に沿って折ります。
3. 透明テープを使って固定します。

ネットに絵を描いたり、色を塗ったりしたい場合は、テープで貼る前に行ってください。装飾を貼り付けたい場合は、まずテープで貼り合わせてから行ってください。

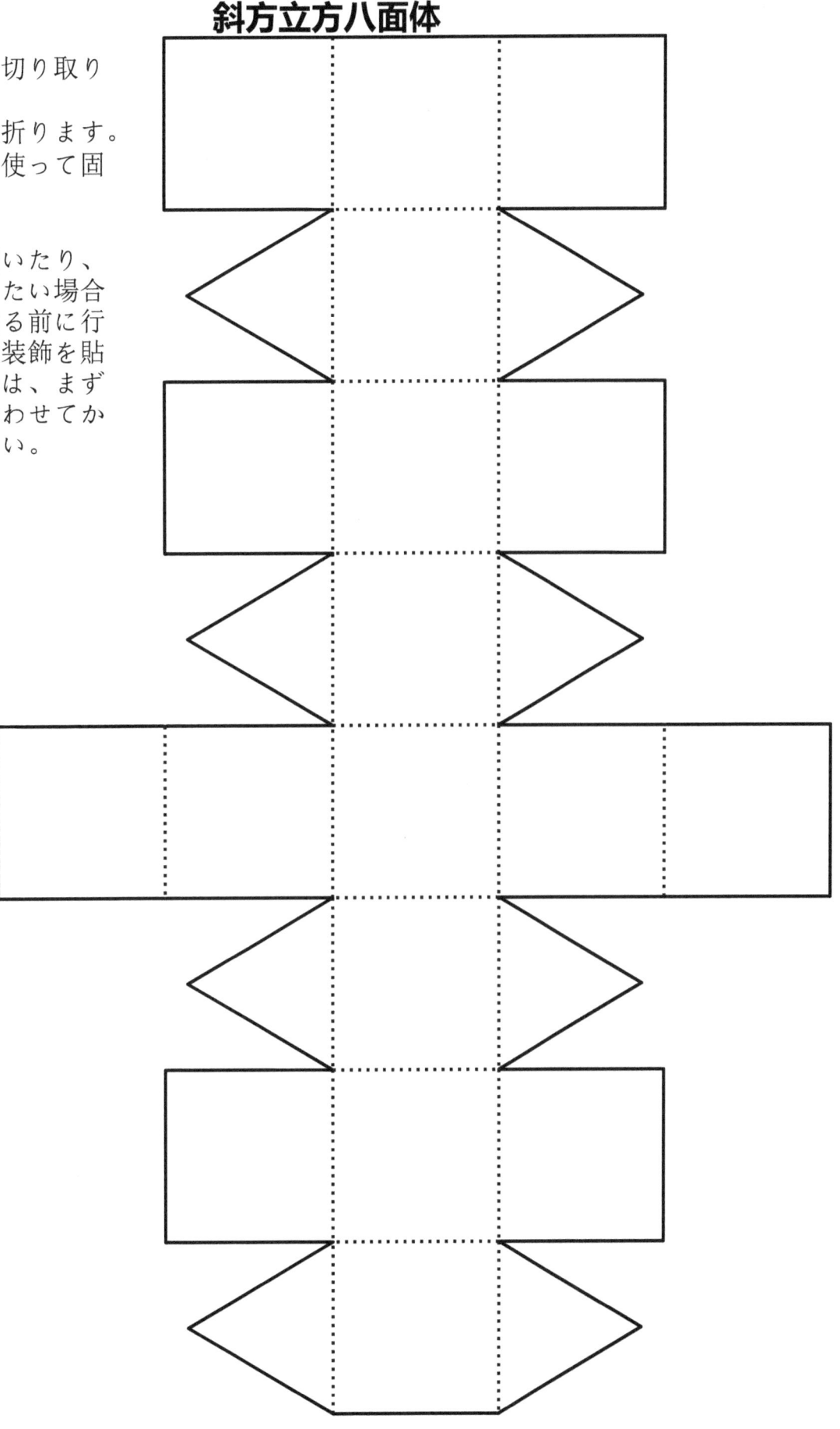

展開図 プロジェクト集 デイヴィッド・E・マクアダムスによる
著作権 2025年。詳細については著作権通知をご覧ください

小斜方十二面体

1. 実線に沿って切り取ります。
2. 点線に沿って折ります。
3. 透明テープを使って固定します。

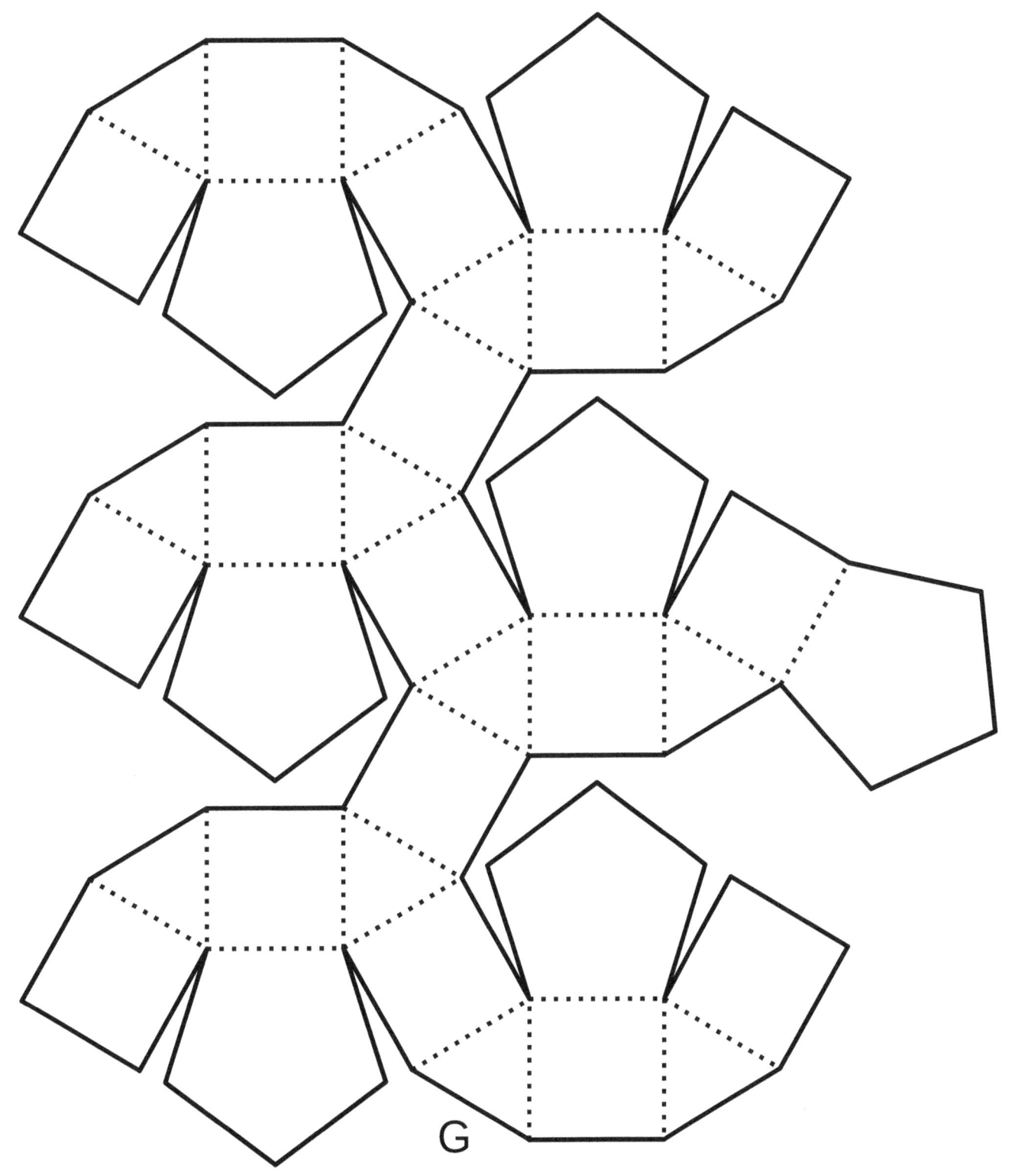

展開図 プロジェクト集デイヴィッド・E・マクアダムスによる
著作権 2025年。詳細については著作権通知をご覧ください

ネットに絵を描いたり、色を塗ったりしたい場合は、テープで貼る前に行ってください。装飾を貼り付けたい場合は、まずテープで貼り合わせてから行ってください。

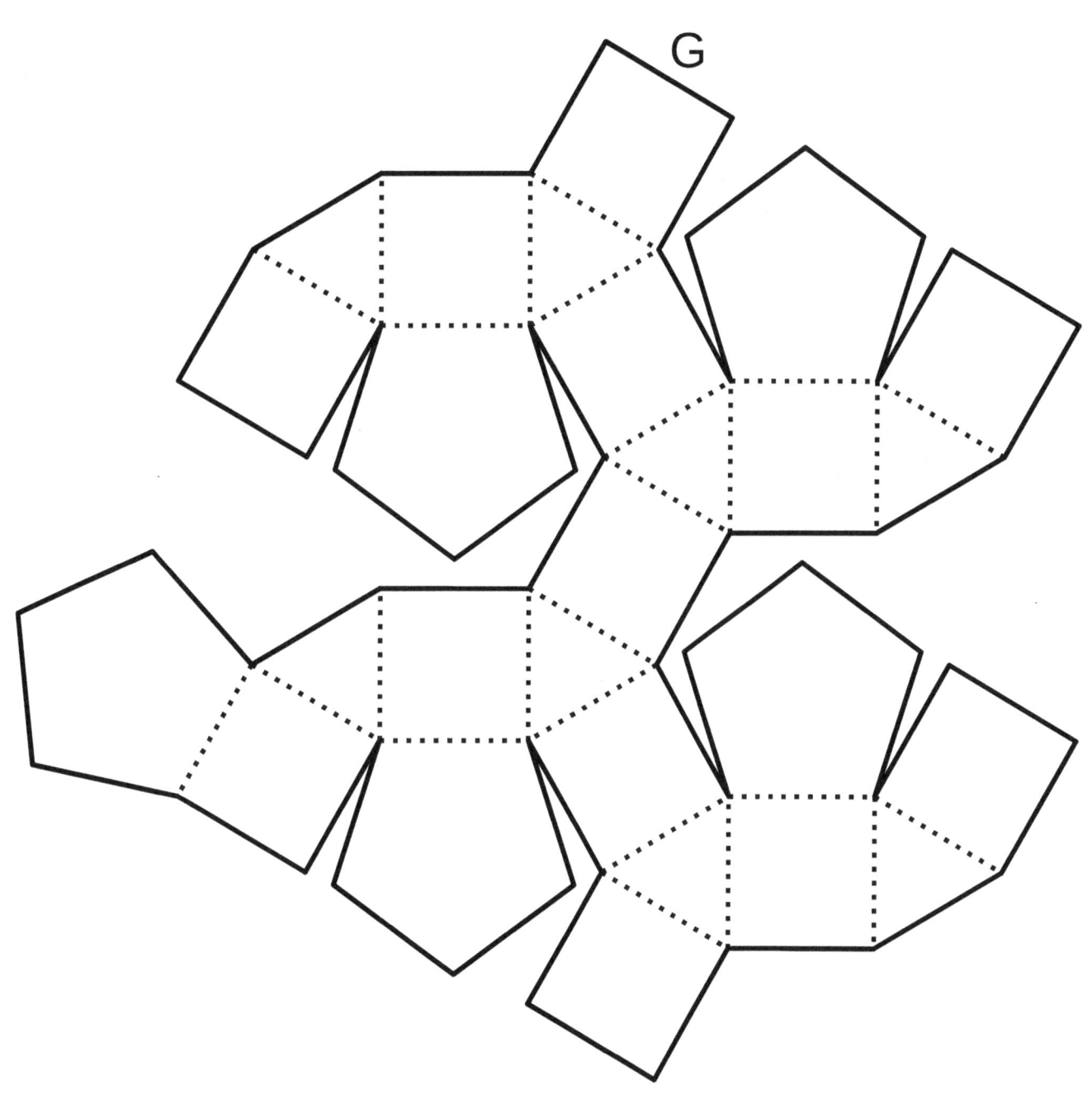

小星型十二面体

1. これは二部構成の展開図です。一部はこのページにあり、もう一部は次のページにあります。
2. 両方の部分を実線に沿って切り取ります。
3. 「A」とラベルの付いているところで、二つの部分を貼り合わせます。
4. 点線に沿って折りたたみます。
5. 破線に沿って逆方向に折りたたみます。
6. 透明テープを使って固定します。

もし、展開図に絵を描いたり色を塗ったりしたい場合は、テープで貼り合わせる前に行ってください。飾りを貼り付けてデコレーションしたい場合は、まずテープで貼り合わせてから行ってください。

A

展開図 プロジェクト集デイヴィッド・E・マクアダムスによる
著作権 2025年。詳細については著作権通知をご覧ください

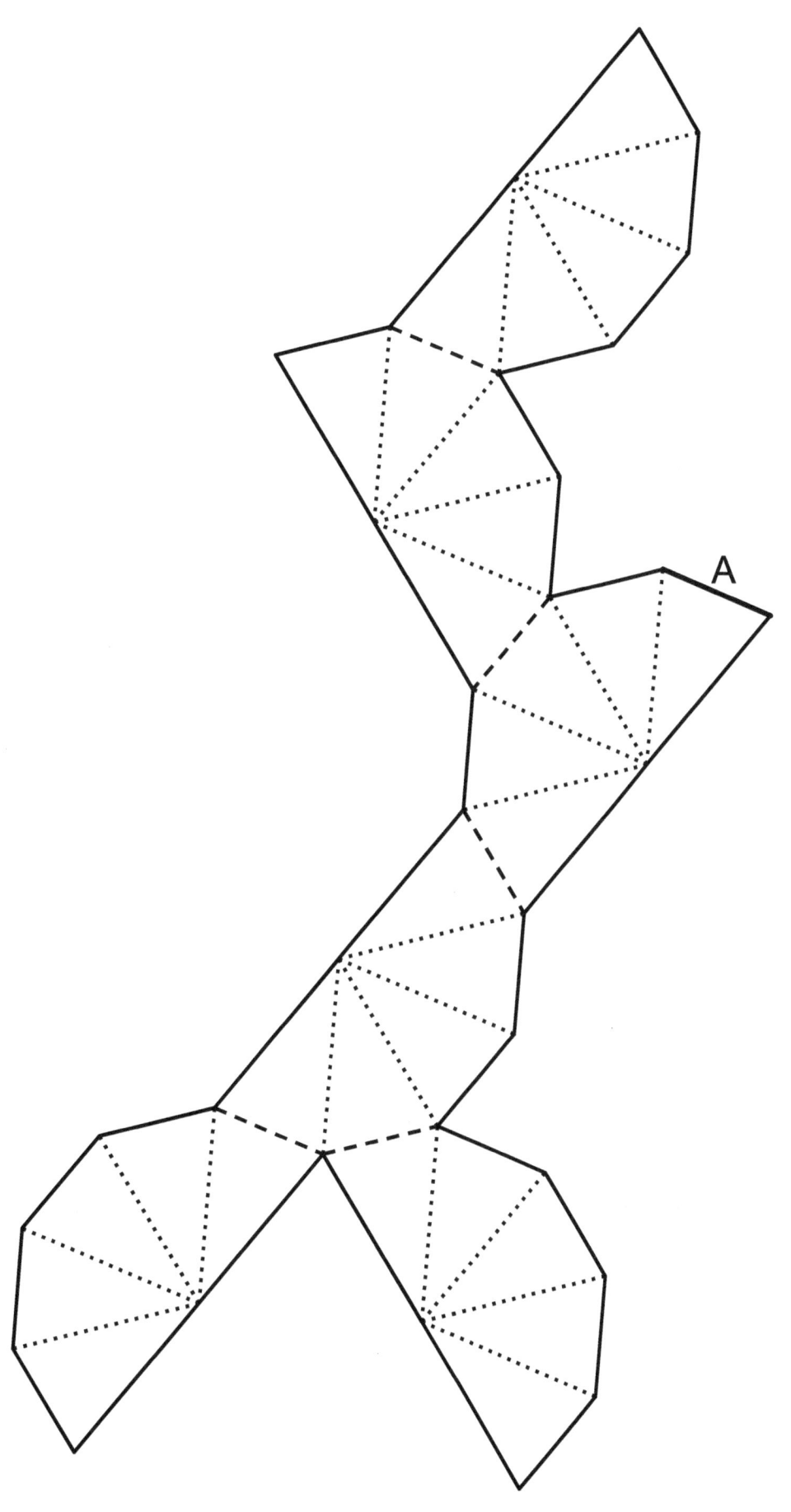

変形立方体

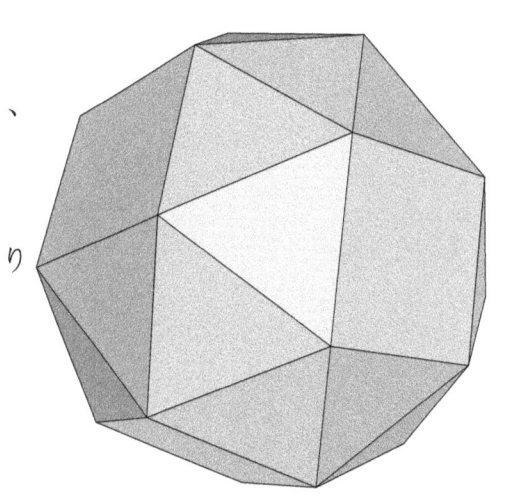

1. これは二部構成の展開図です。一部はこのページにあり、す。
2. 両方の部分を実線に沿って切り取ります。
3. 「K」とラベルの付いているところで、二つの部分を貼り
4. 点線に沿って折りたたみます。
5. 破線に沿って逆方向に折りたたみます。
6. 透明テープを使って固定します。

もし、展開図に絵を描いたり色を塗ったりしたい場合は、テープで貼り合わせる前に行ってください。飾りを貼り付けてデコレーションしたい場合は、まずテープで貼り合わせてから行ってください。

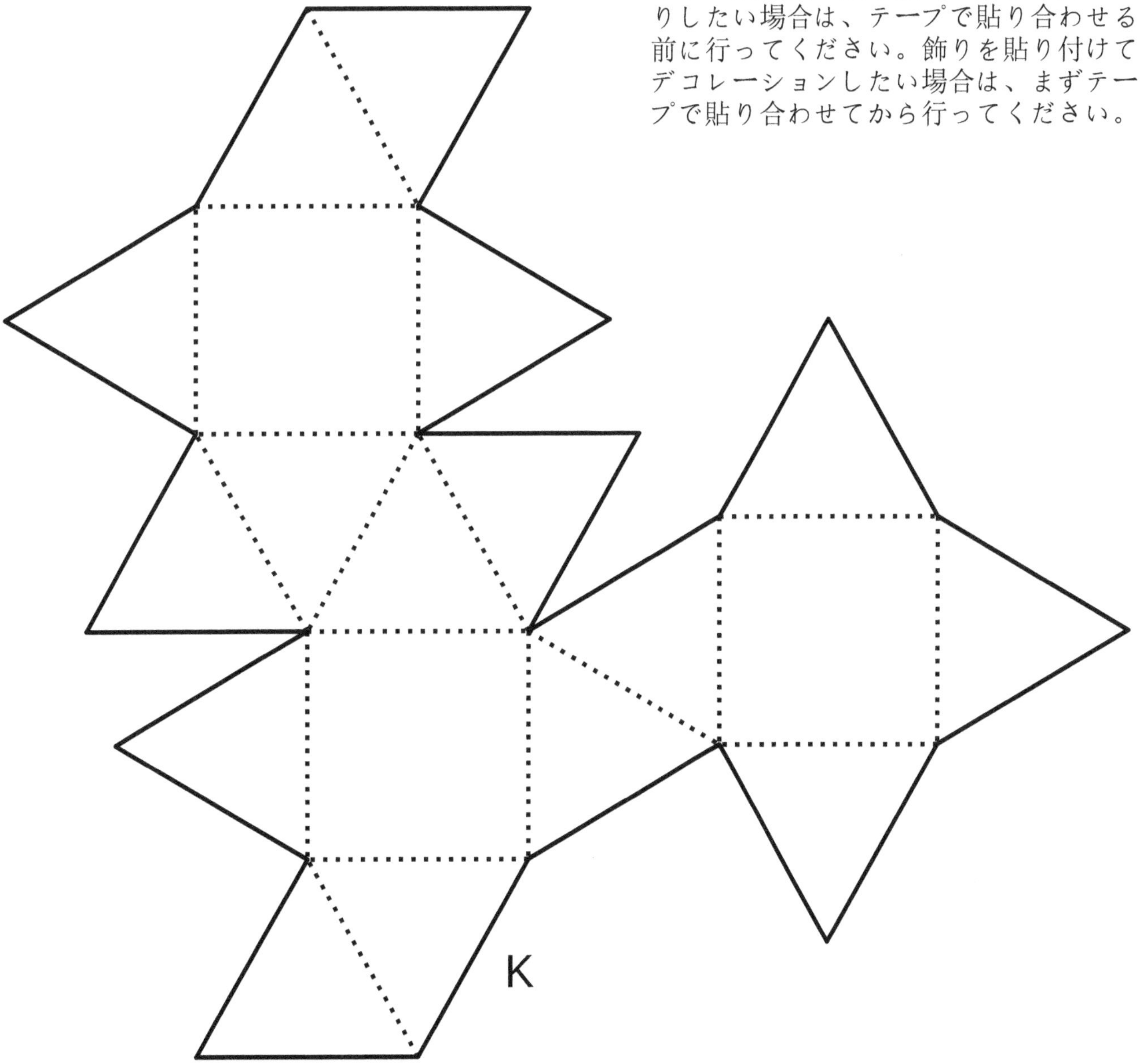

K

展開図 プロジェクト集デイヴィッド・E・マクアダムスによる
著作権 2025年。詳細については著作権通知をご覧ください

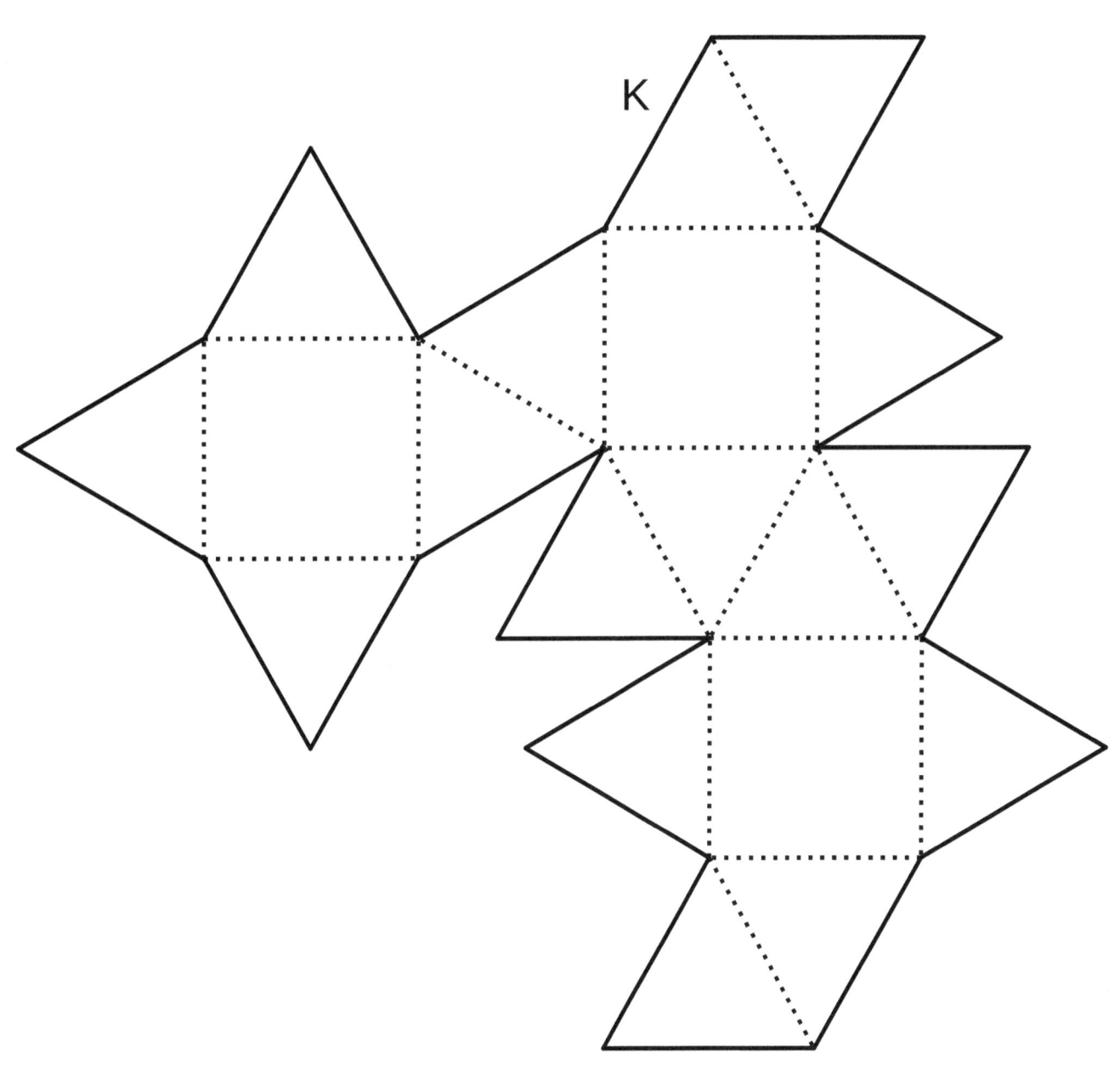

変形十二面体

1. これは二部構成の展開図です。1部はこのページにあり、もう1部は次のページにあります。
2. 両方のパーツを実線に沿って切り抜きます。
3. 「Z」と記載された場所で、2つのパーツを接着します。
4. 点線に沿って折りたたみます。
5. セロテープで固定します。

もし展開図に絵を描いたり、色を塗りたい場合は、テープで貼り合わせる前に行ってください。装飾を加えたい場合は、テープで貼り合わせた後に行ってください。

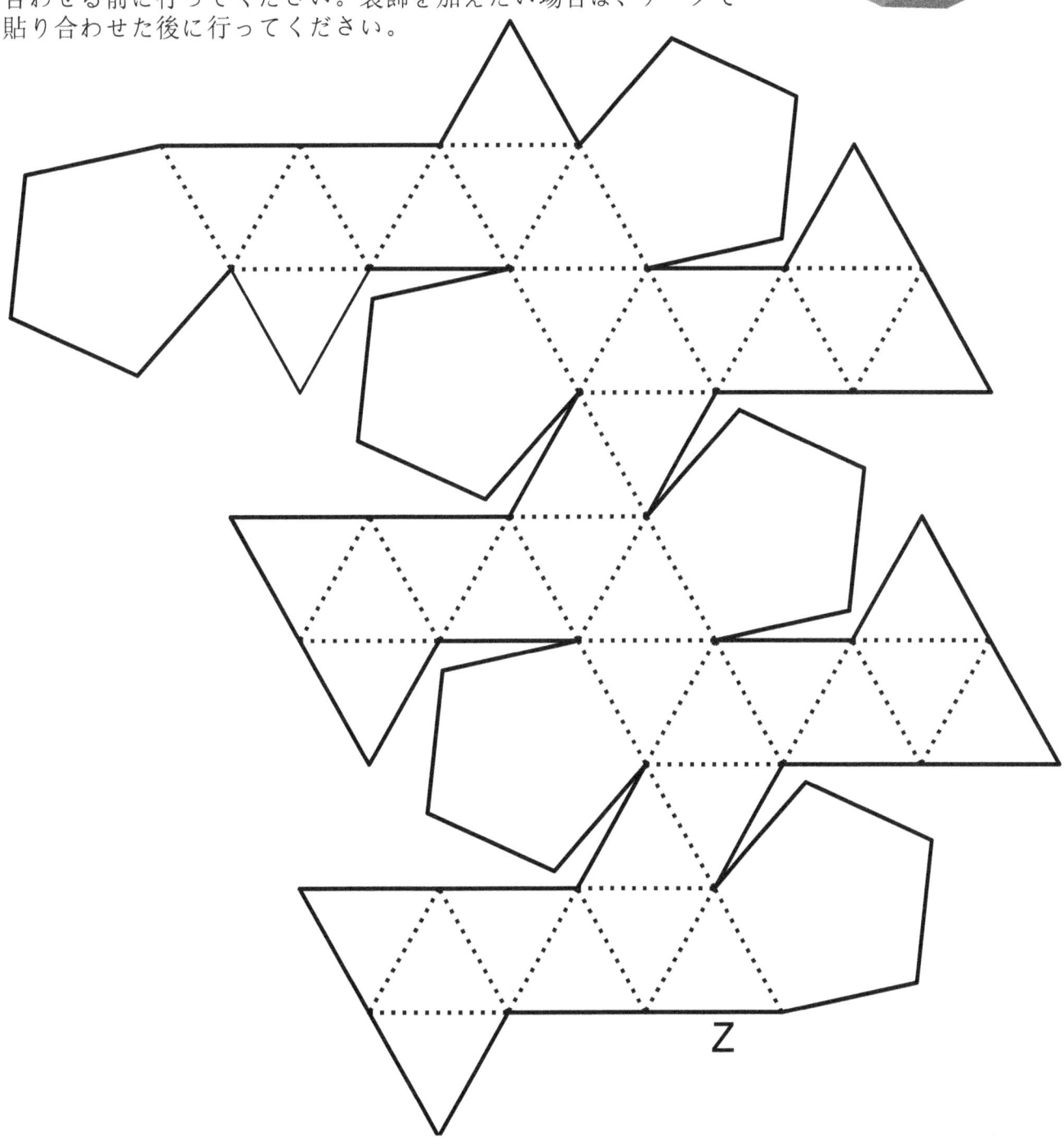

展開図 プロジェクト集デイヴィッド・E・マクアダムスによる
著作権 2025年。詳細については著作権通知をご覧ください

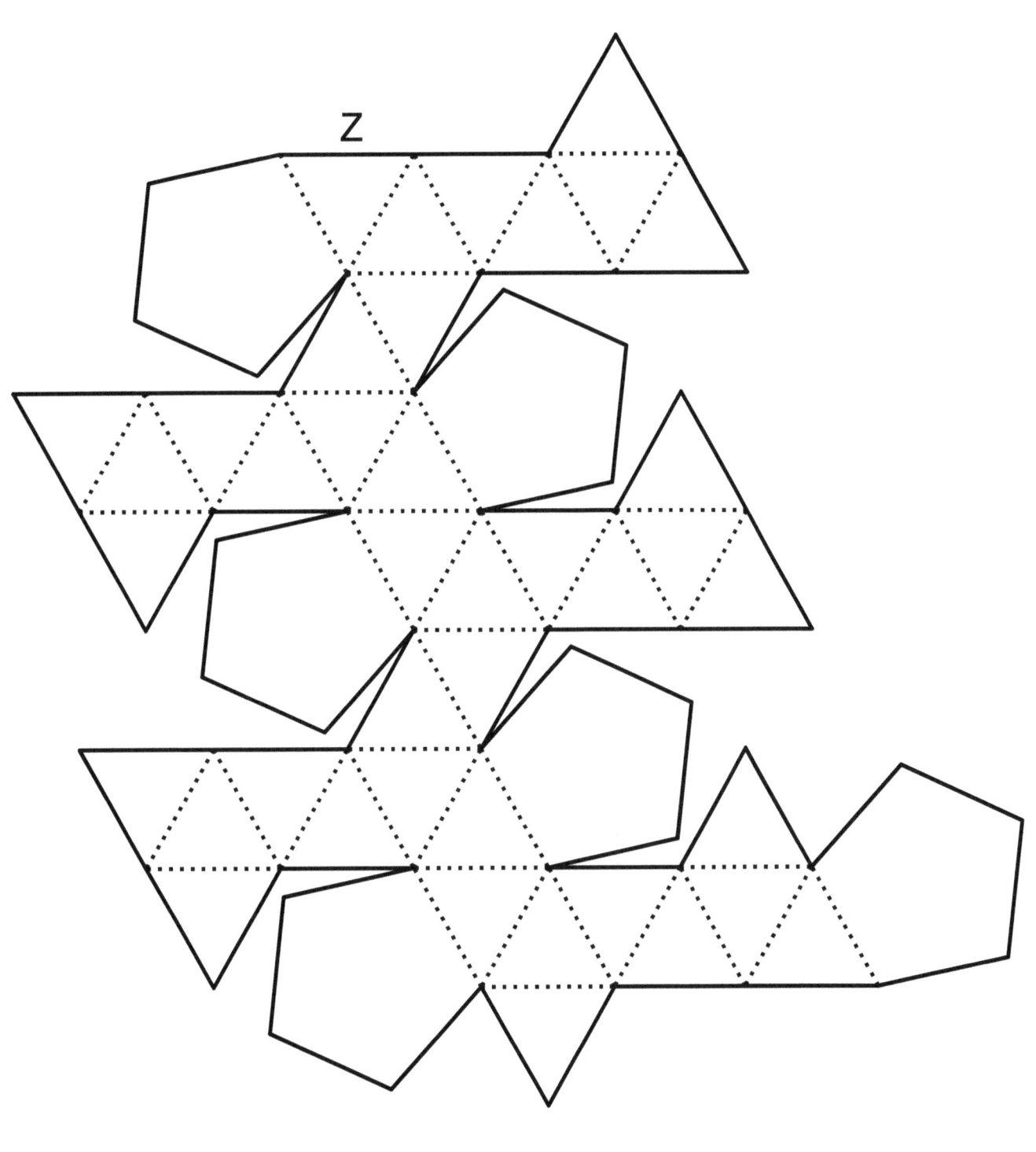

正方形アンチプリズム

1. 実線に沿って切り取ります。
2. 点線に沿って折ります。
3. 透明テープを使って固定します。

ネットに絵を描いたり、色を塗ったりしたい場合は、テープで貼る前に行ってください。装飾を貼り付けたい場合は、まずテープで貼り合わせてから行ってください。

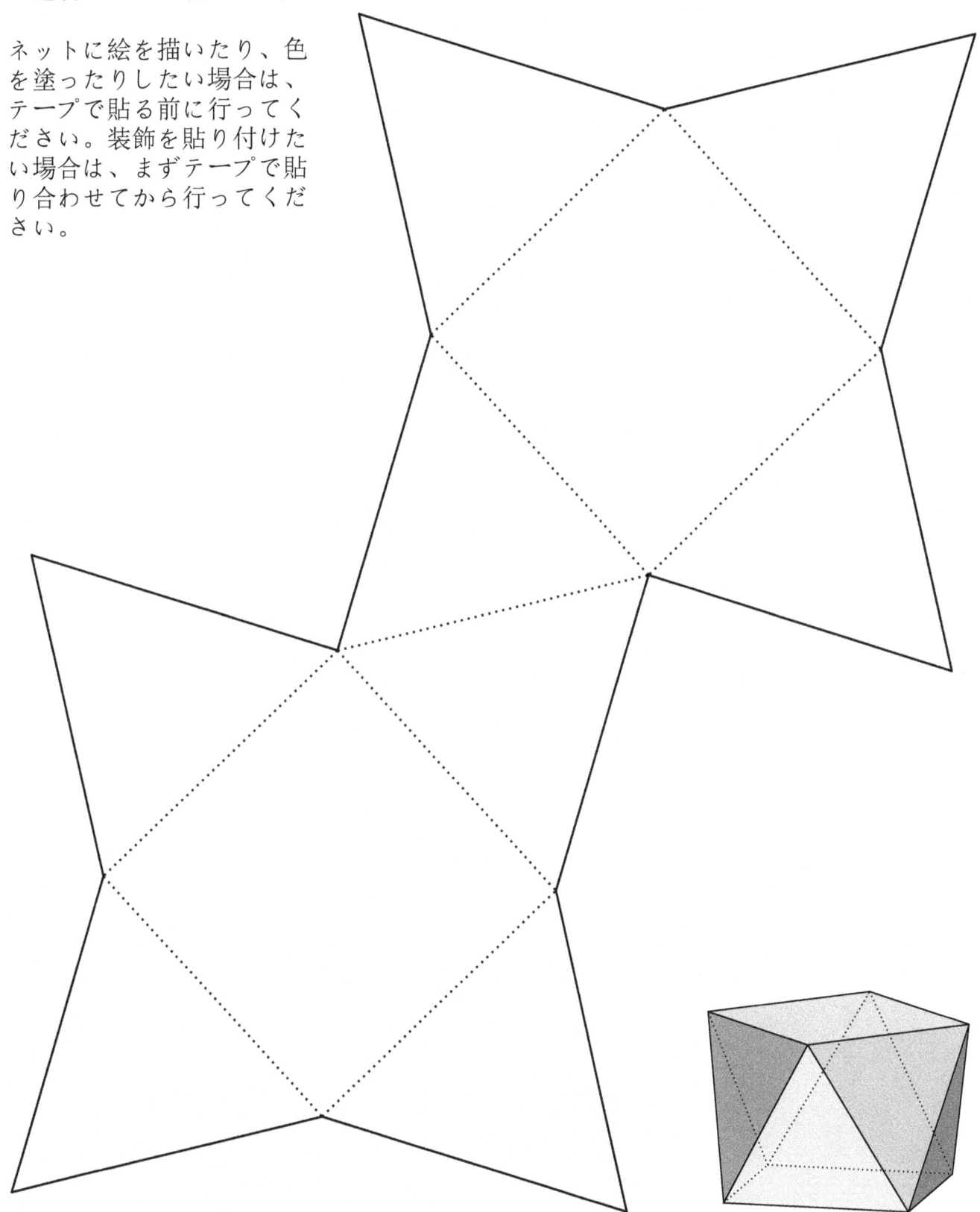

展開図 プロジェクト集 デイヴィッド・E・マクアダムスによる
著作権 2025年。詳細については著作権通知をご覧ください

正方形の蓋状体

1. 実線に沿って切り取ります。
2. 点線に沿って折ります。
3. 透明テープを使って固定します。

ネットに絵を描いたり、色を塗ったりしたい場合は、テープで貼る前に行ってください。装飾を貼り付けたい場合は、まずテープで貼り合わせてから行ってください。

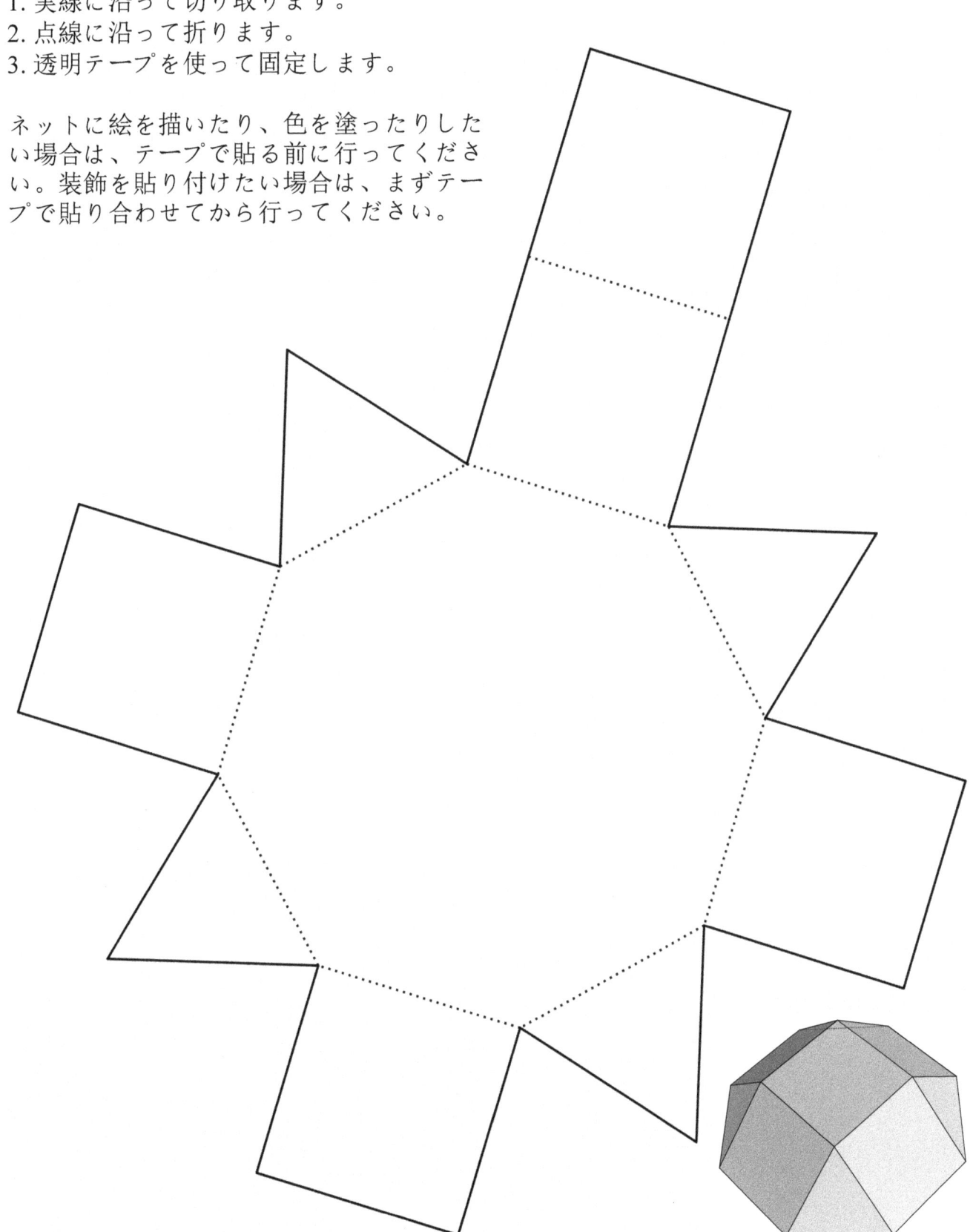

展開図 プロジェクト集デイヴィッド・E・マクアダムスによる
著作権 2025年。詳細については著作権通知をご覧ください

正四角錐

1. 実線に沿って切り取ります。
2. 点線に沿って折ります。
3. 透明テープを使って固定します。

ネットに絵を描いたり、色を塗ったりしたい場合は、テープで貼る前に行ってください。装飾を貼り付けたい場合は、まずテープで貼り合わせてから行ってください。

展開図 プロジェクト集デイヴィッド・E・マクアダムスによる
著作権 2025年。詳細については著作権通知をご覧ください

ねじれ双角錐

1. 実線に沿って切り取ります。
2. 点線に沿って折ります。
3. 透明テープを使って固定します。

ネットに絵を描いたり、色を塗ったりしたい場合は、テープで貼る前に行ってください。装飾を貼り付けたい場合は、まずテープで貼り合わせてから行ってください。

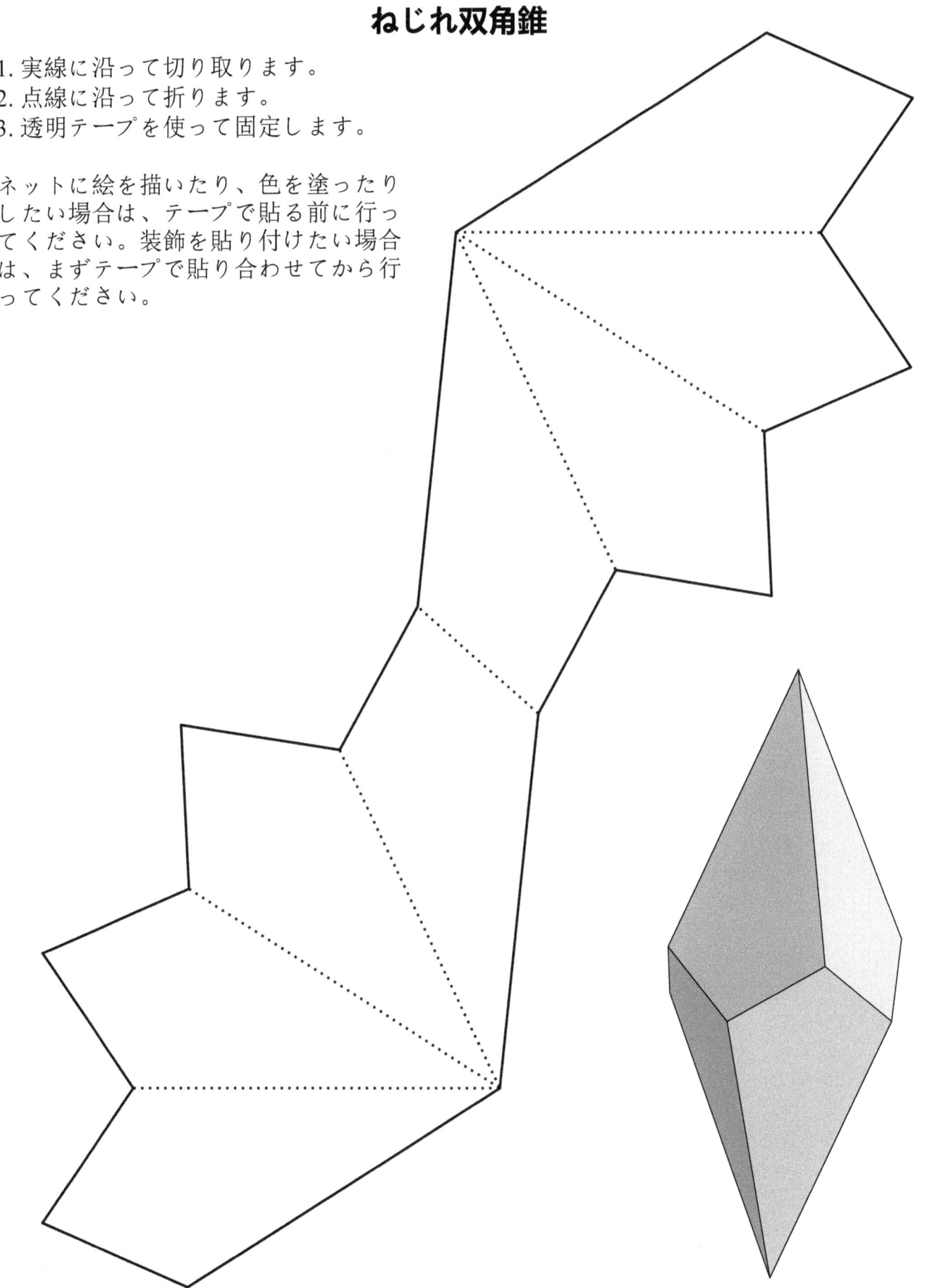

展開図 プロジェクト集 デイヴィッド・E・マクアダムスによる
著作権 2025年。詳細については著作権通知をご覧ください

星型八面体

1. 実線に沿って切り取ります。
2. 点線に沿って折ります。
3. 破線に沿って逆に折ります。
4. 透明テープを使って固定します。

ネットに絵を描いたり、色を塗ったりしたい場合は、テープで貼る前に行ってください。装飾を貼り付けて飾りたい場合は、まずテープで貼り合わせてから行ってください。

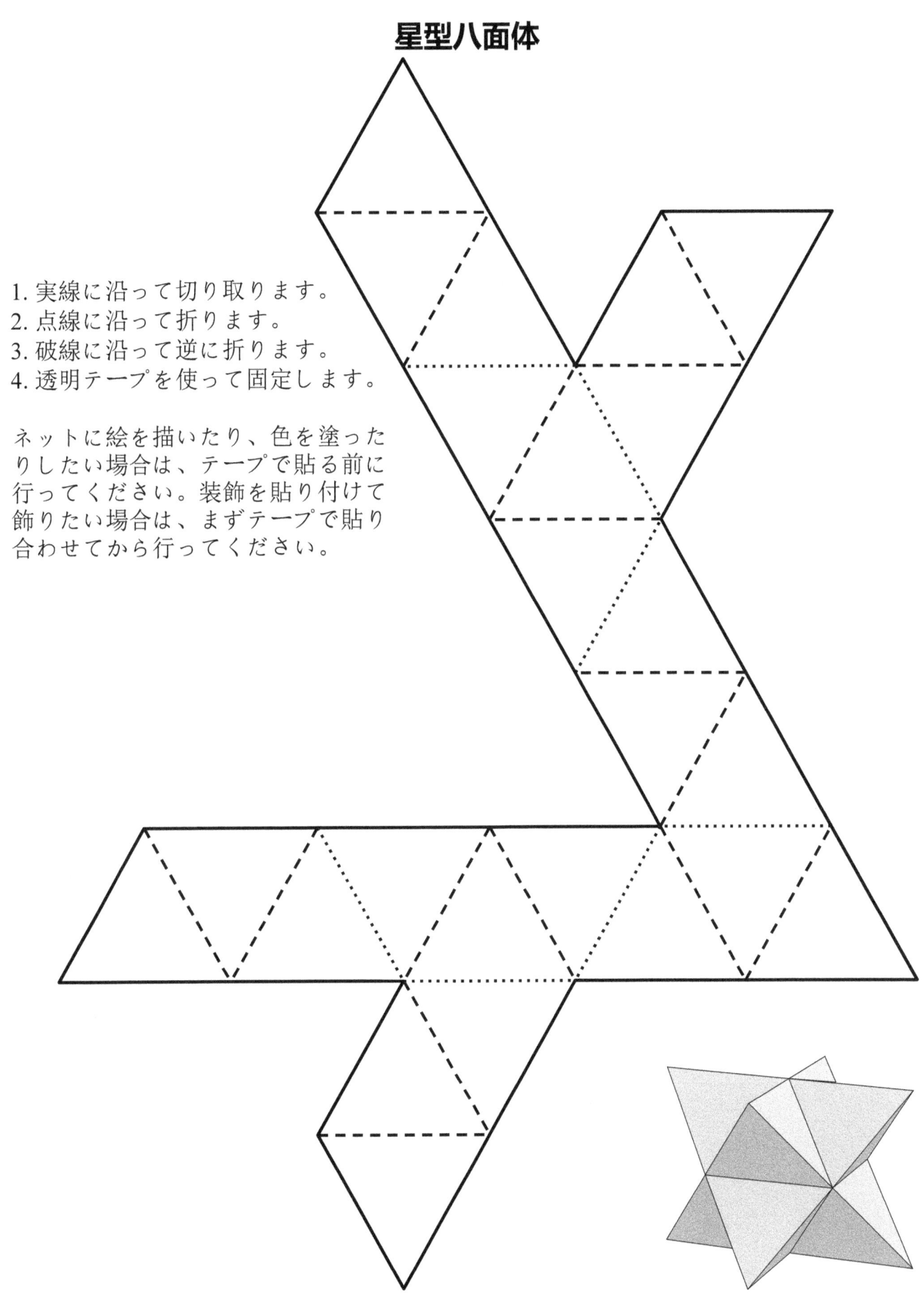

展開図 プロジェクト集デイヴィッド・E・マクアダムスによる
著作権 2025年。詳細については著作権通知をご覧ください

正四面体

1. 実線に沿って切り取ります。
2. 点線に沿って折ります。
3. 透明テープを使って固定します。

ネットに絵を描いたり、色を塗ったりしたい場合は、テープで貼る前に行ってください。装飾を貼り付けたい場合は、まずテープで貼り合わせてから行ってください。

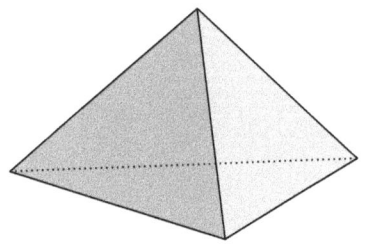

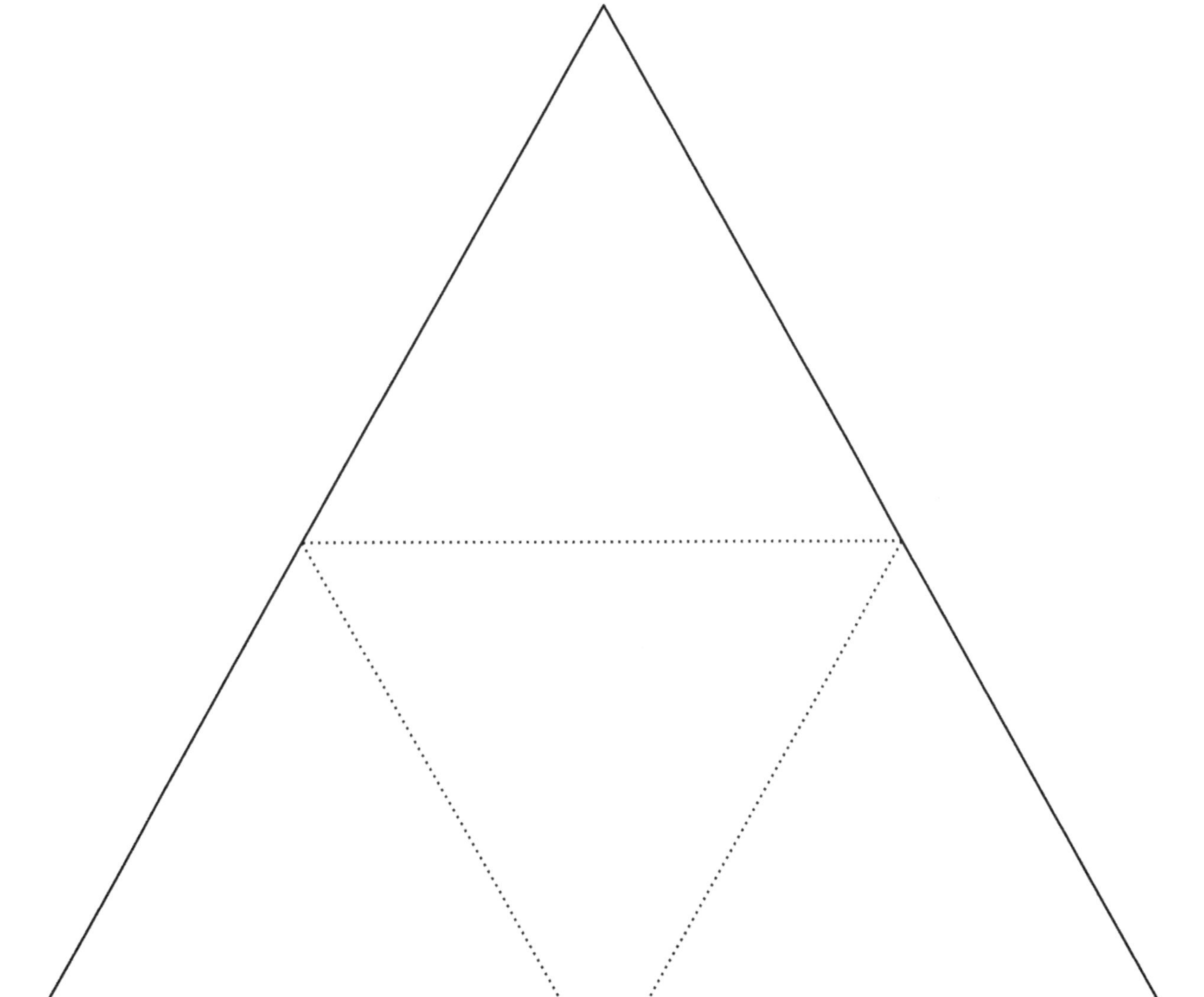

展開図 プロジェクト集 デイヴィッド・E・マクアダムスによる
著作権 2025年。詳細については著作権通知をご覧ください

四方六面体

1. 実線に沿って切り取ります。
2. 点線に沿って折ります。
3. 透明テープを使って固定します。

ネットに絵を描いたり、色を塗ったりしたい場合は、テープで貼る前に行ってください。装飾を貼り付けたい場合は、まずテープで貼り合わせてから行ってください。

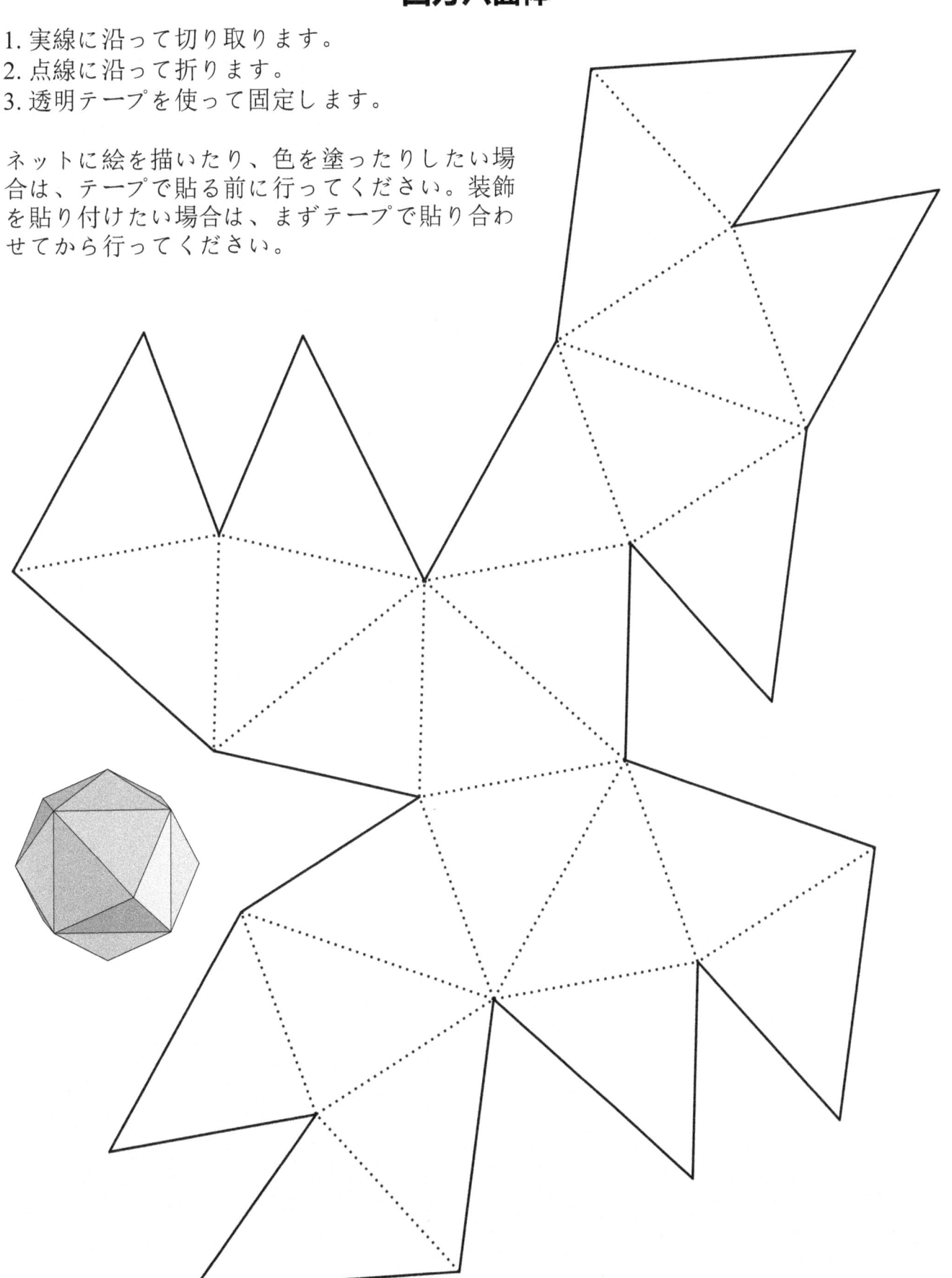

展開図 プロジェクト集 デイヴィッド・E・マクアダムスによる
著作権 2025年。詳細については著作権通知をご覧ください

三角化八面体

1. 実線に沿って切り取ります。
2. 点線に沿って折ります。
3. 透明テープを使って固定します。

ネットに絵を描いたり、色を塗ったりしたい場合は、テープで貼る前に行ってください。装飾を貼り付けたい場合は、まずテープで貼り合わせてから行ってください。

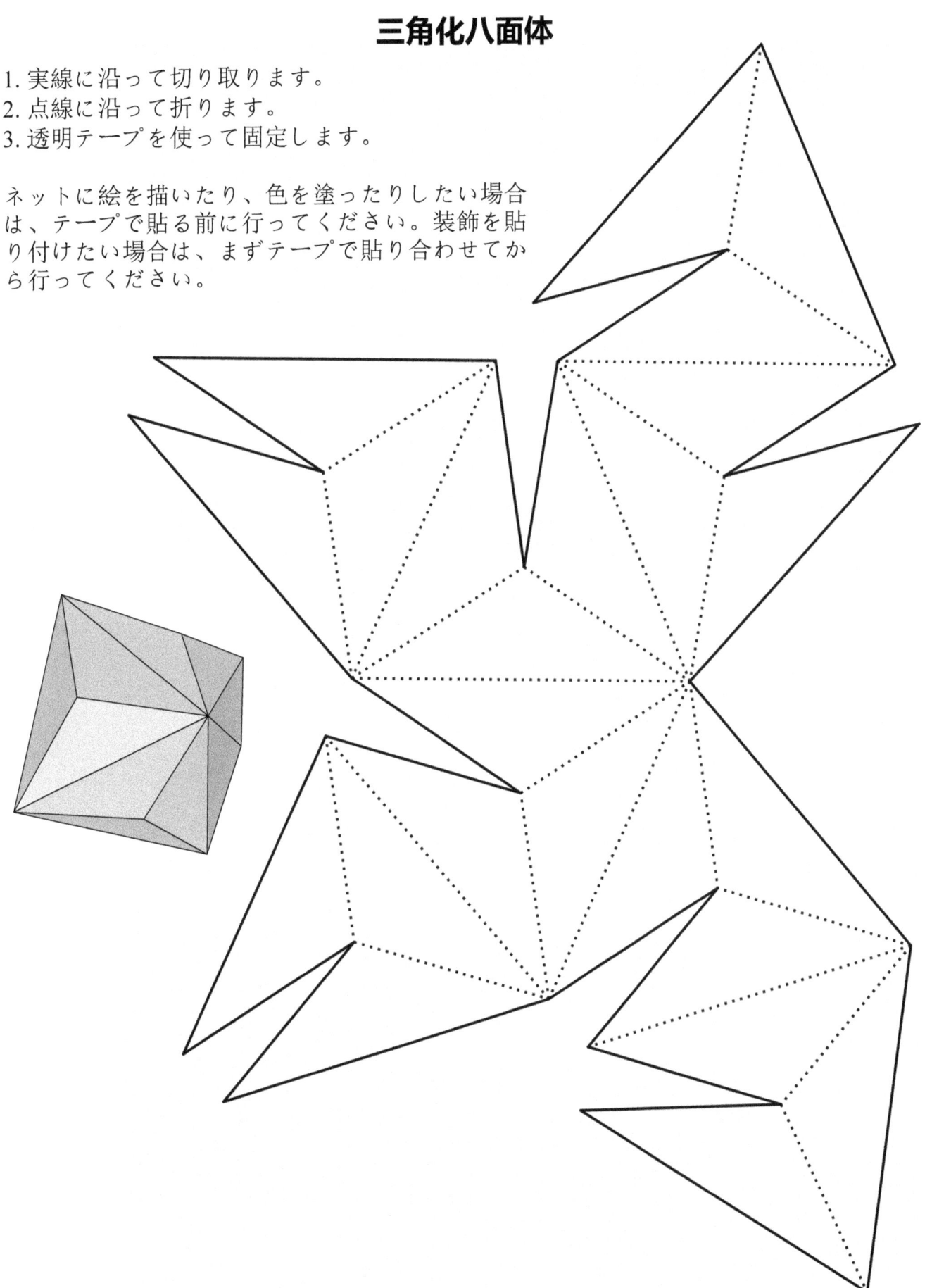

展開図 プロジェクト集 デイヴィッド・E・マクアダムスによる
著作権 2025年。詳細については著作権通知をご覧ください

三角化四面体

1. 実線に沿って切り取ります。
2. 点線に沿って折ります。
3. 透明テープを使って固定します。

ネットに絵を描いたり、色を塗ったりしたい場合は、テープで貼る前に行ってください。装飾を貼り付けたい場合は、まずテープで貼り合わせてから行ってください。

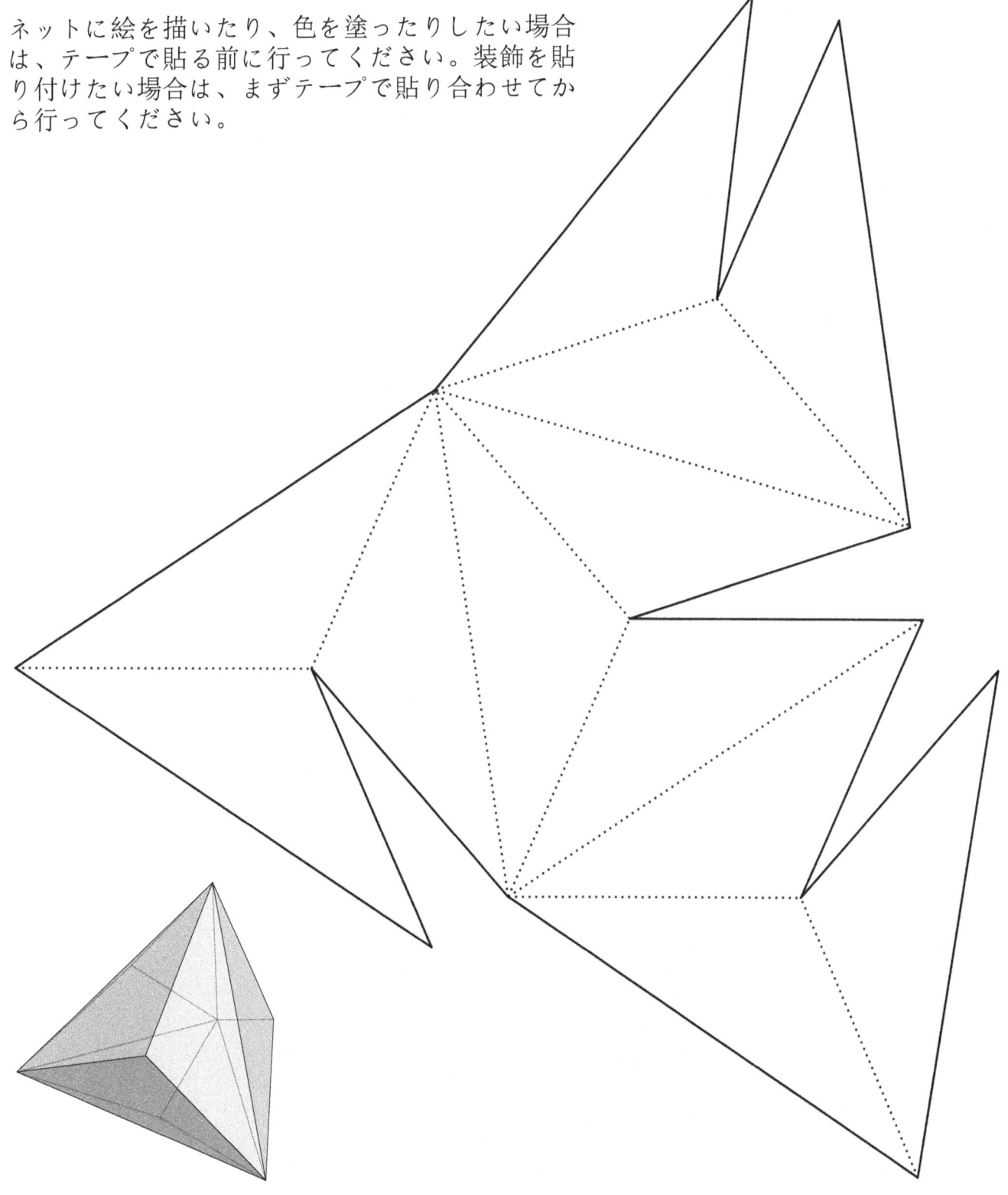

三角形の蓋状体

1. 実線に沿って切り取ります。
2. 点線に沿って折ります。
3. 透明テープを使って固定します。

ネットに絵を描いたり、色を塗ったりしたい場合は、テープで貼る前に行ってください。装飾を貼り付けたい場合は、まずテープで貼り合わせてから行ってください。

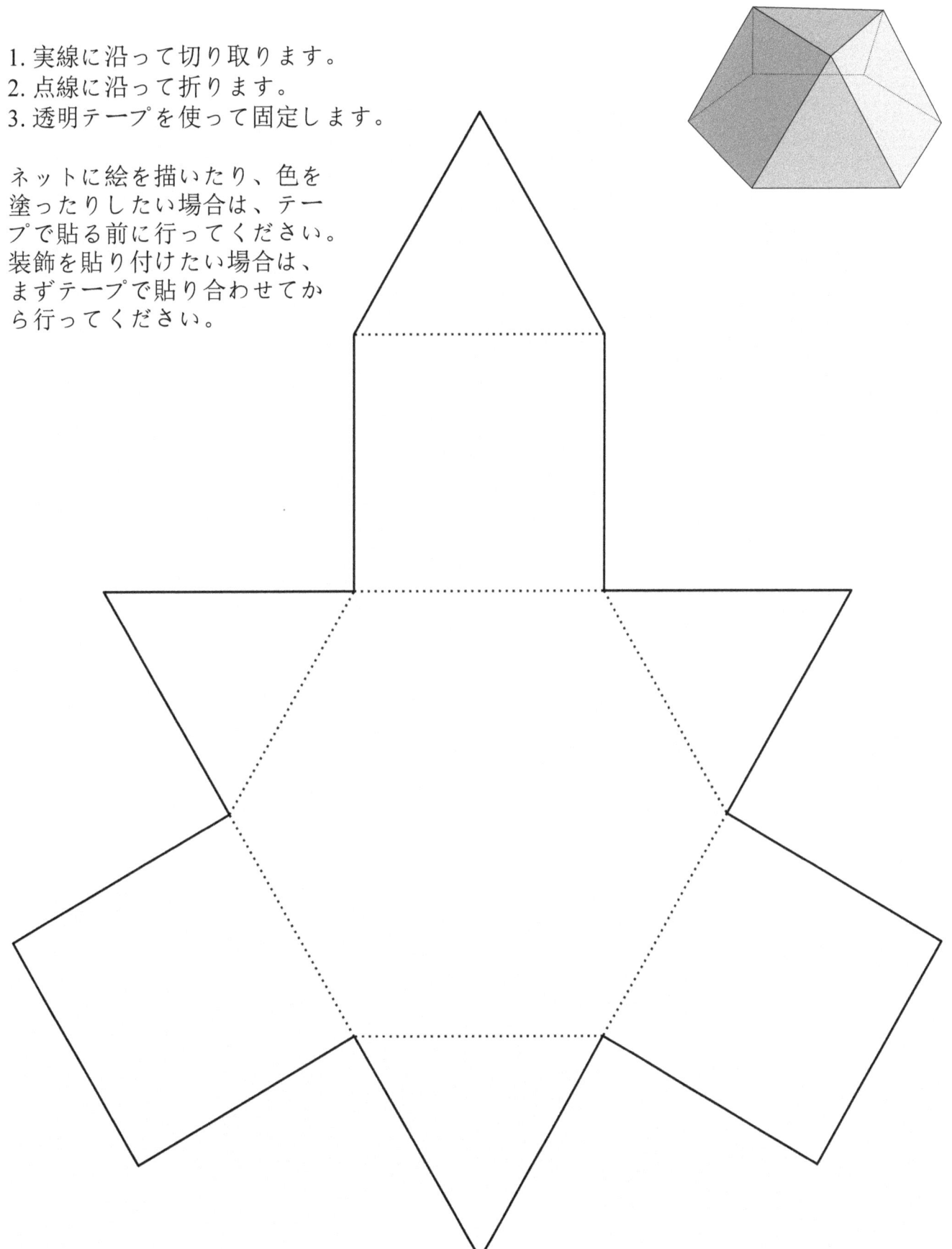

展開図 プロジェクト集デイヴィッド・E・マクアダムスによる
著作権 2025年。詳細については著作権通知をご覧ください

三角双錐

1. 実線に沿って切り取ります。
2. 点線に沿って折ります。
3. 透明テープを使って固定します。

ネットに絵を描いたり、色を塗ったりしたい場合は、テープで貼る前に行ってください。装飾を貼り付けたい場合は、まずテープで貼り合わせてから行ってください。

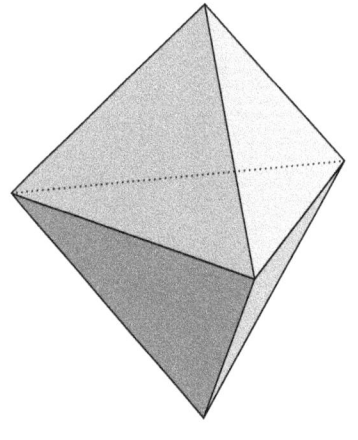

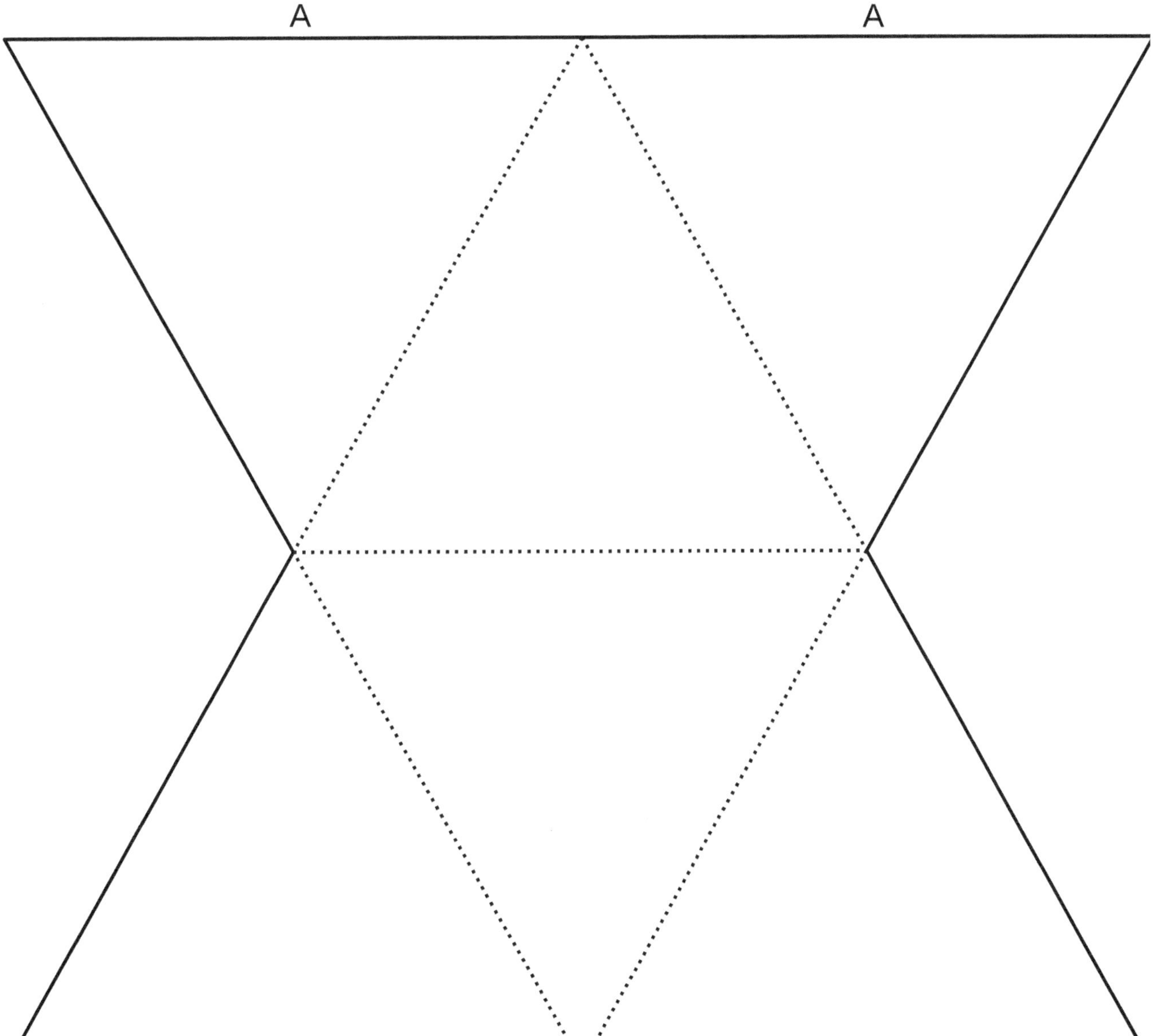

A   A

B   B

展開図 プロジェクト集 デイヴィッド・E・マクアダムスによる
著作権 2025年。詳細については著作権通知をご覧ください

三角五面体

1. 実線に沿って切り取ります。
2. 点線に沿って折ります。
3. 透明テープを使って固定します。

ネットに絵を描いたり、色を塗ったりしたい場合は、テープで貼る前に行ってください。装飾を貼り付けたい場合は、まずテープで貼り合わせてから行ってください。

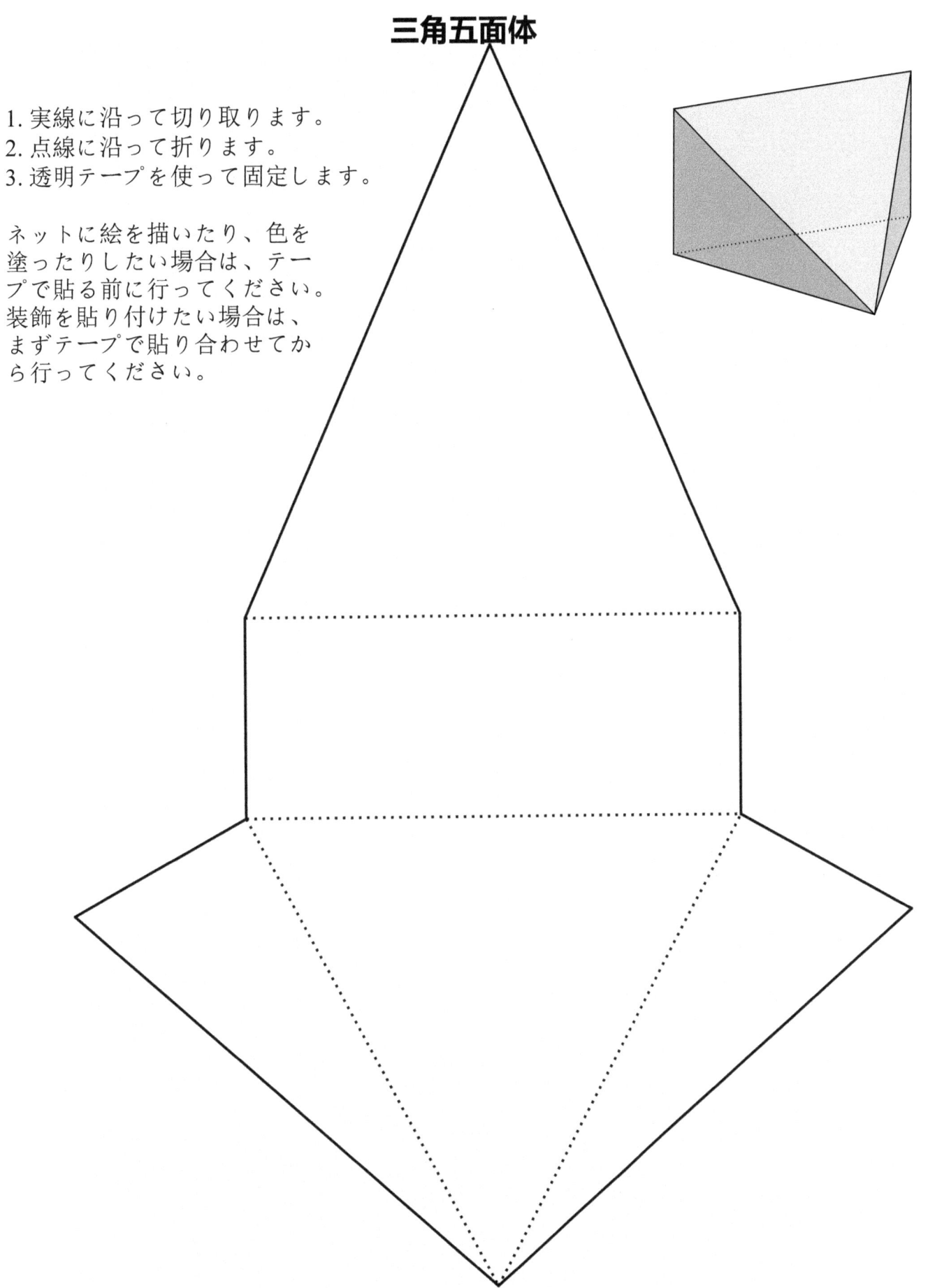

展開図 プロジェクト集デイヴィッド・E・マクアダムスによる
著作権 2025年。詳細については著作権通知をご覧ください

三角柱

1. 実線に沿って切り取ります。
2. 点線に沿って折ります。
3. 透明テープを使って固定します。

ネットに絵を描いたり、色を塗ったりしたい場合は、テープで貼る前に行ってください。装飾を貼り付けたい場合は、まずテープで貼り合わせてから行ってください。

展開図 プロジェクト集 デイヴィッド・E・マクアダムスによる
著作権 2025年。詳細については著作権通知をご覧ください

傾斜三角錐

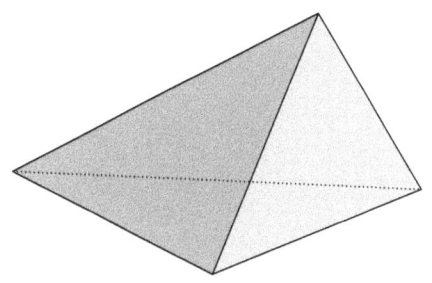

1. 実線に沿って切り取ります。
2. 点線に沿って折ります。
3. 透明テープを使って固定します。

ネットに絵を描いたり、色を塗ったりしたい場合は、テープで貼る前に行ってください。装飾を貼り付けたい場合は、まずテープで貼り合わせてから行ってください。

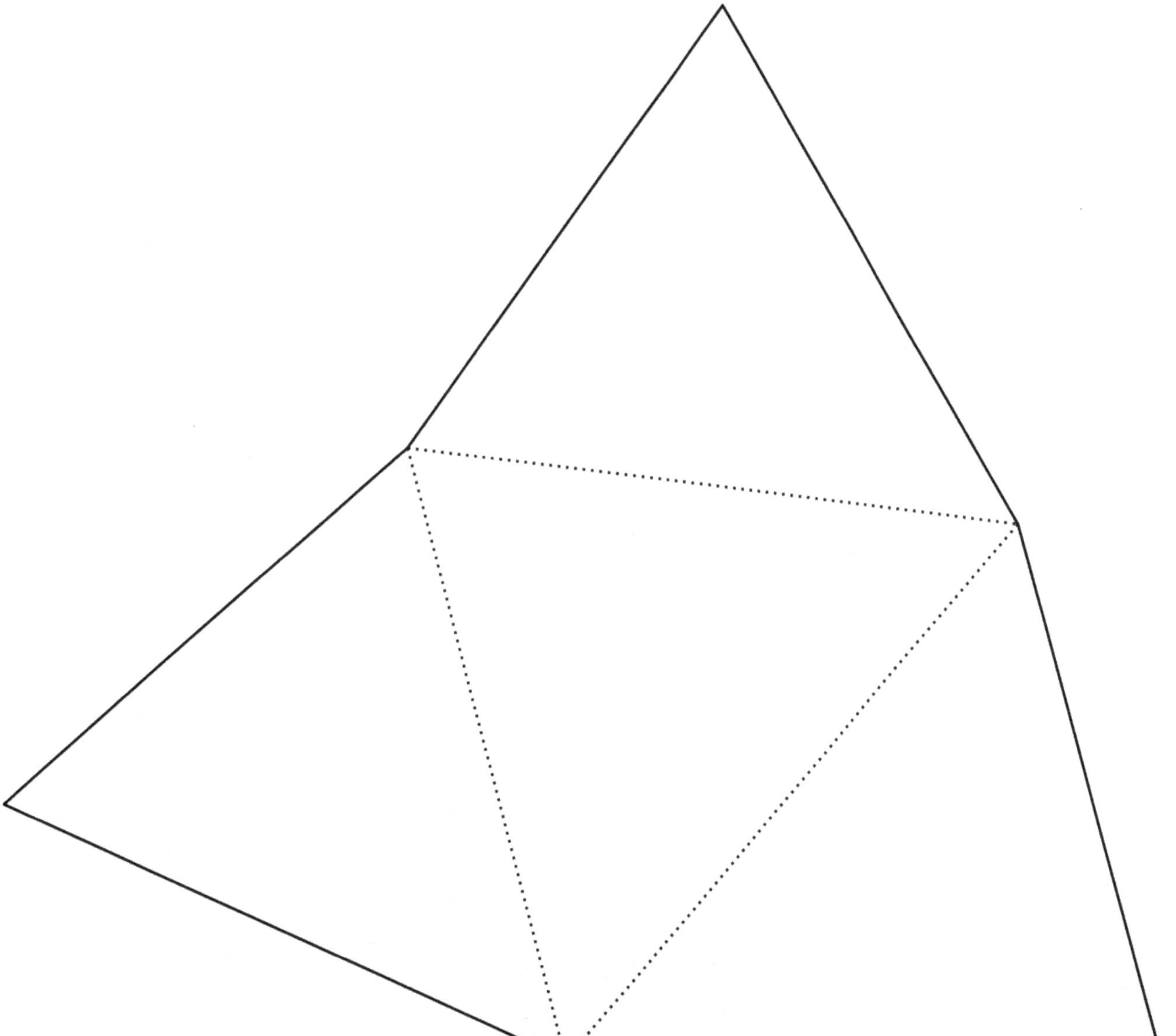

切頂立方体

1. 実線に沿って切り取ります。
2. 点線に沿って折ります。
3. 透明テープを使って固定します。

ネットに絵を描いたり、色を塗ったりしたい場合は、テープで貼る前に行ってください。装飾を貼り付けたい場合は、まずテープで貼り合わせてから行ってください。

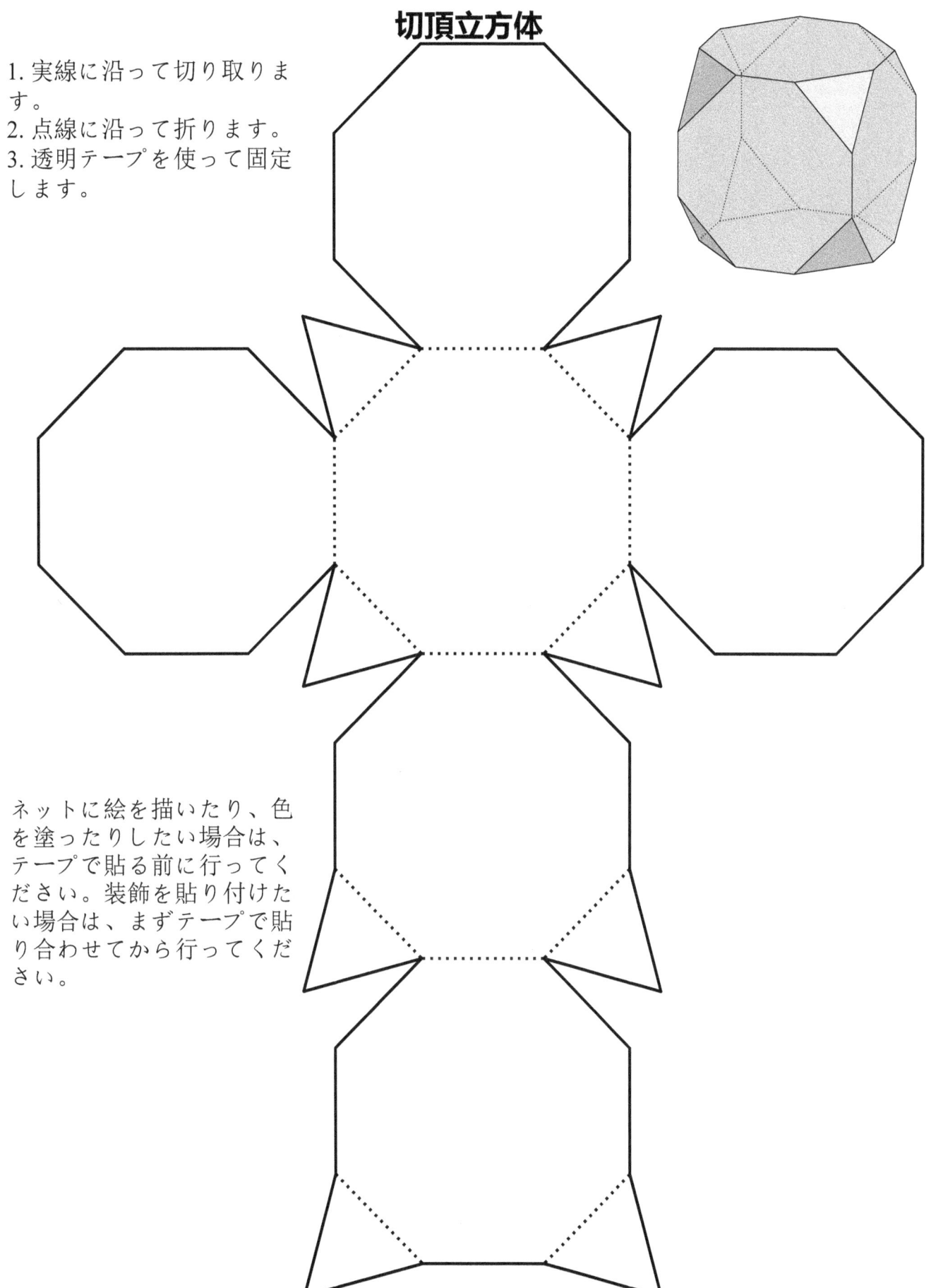

展開図 プロジェクト集デイヴィッド・E・マクアダムスによる
著作権 2025年。詳細については著作権通知をご覧ください

切頂立方八面体

1. 実線に沿って切り取ります。
2. 点線に沿って折ります。
3. 透明テープを使って固定します。

ネットに絵を描いたり、色を塗ったりしたい場合は、テープで貼る前に行ってください。装飾を貼り付けたい場合は、まずテープで貼り合わせてから行ってください。

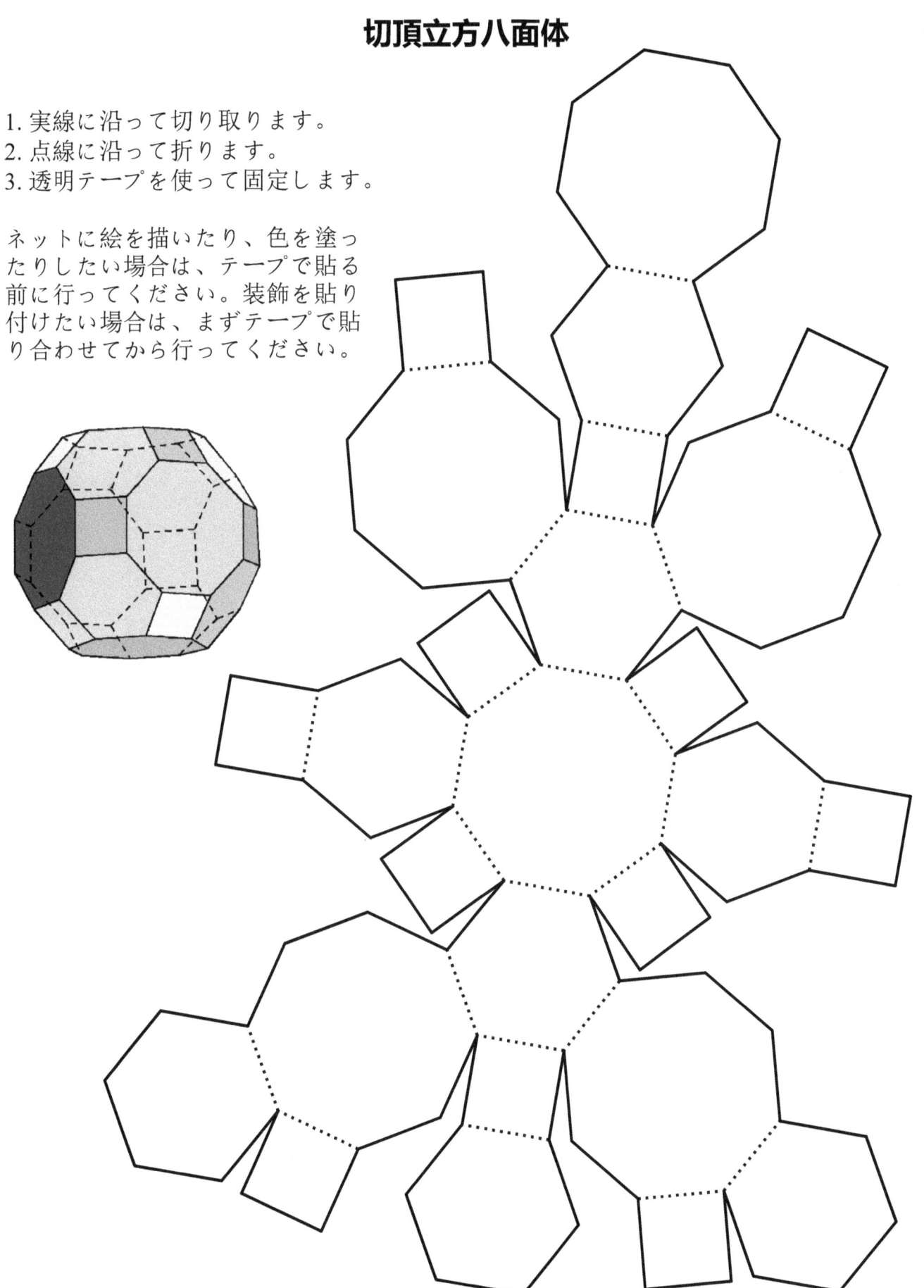

展開図 プロジェクト集デイヴィッド・E・マクアダムスによる
著作権 2025年。詳細については著作権通知をご覧ください

切頂十二面体

1. これは二部構成の展開図です。1部はこのページにあり、もう1部は次のページにあります。
2. 両方のパーツを実線に沿って切り抜きます。
3. 「Z」と記載された場所で、2つのパーツを接着します。
4. 点線に沿って折りたたみます。
5. セロテープで固定します。

もし展開図に絵を描いたり、色を塗りたい場合は、テープで貼り合わせる前に行ってください。装飾を加えたい場合は、テープで貼り合わせた後に行ってください。

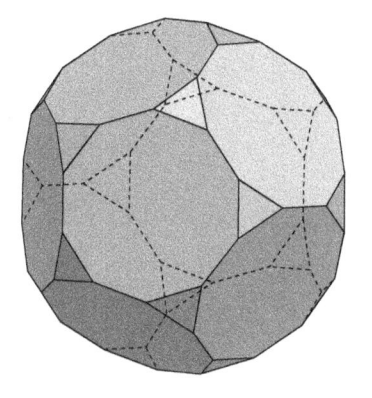

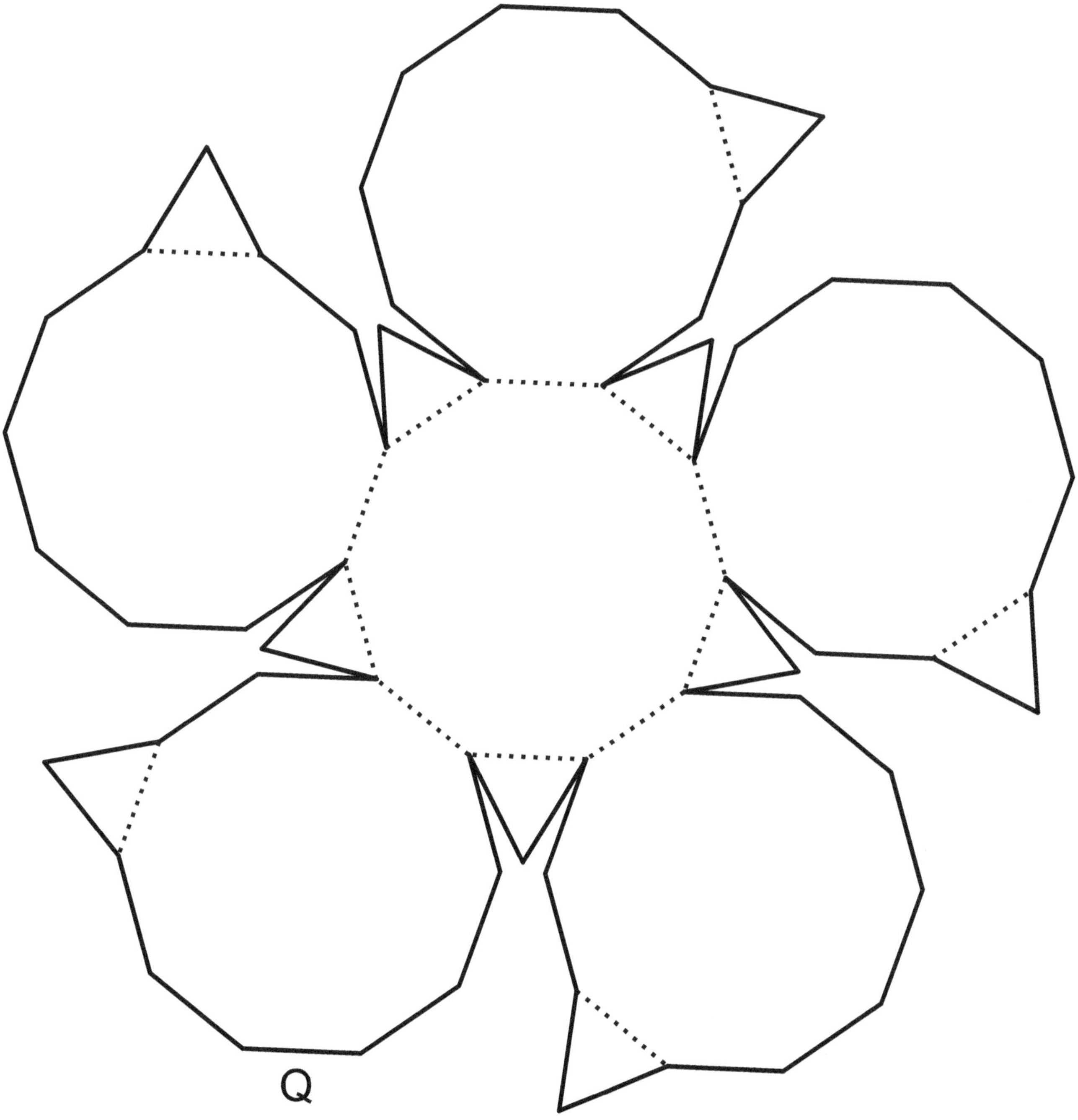

Q

展開図 プロジェクト集 デイヴィッド・E・マクアダムスによる
著作権 2025年。詳細については著作権通知をご覧ください

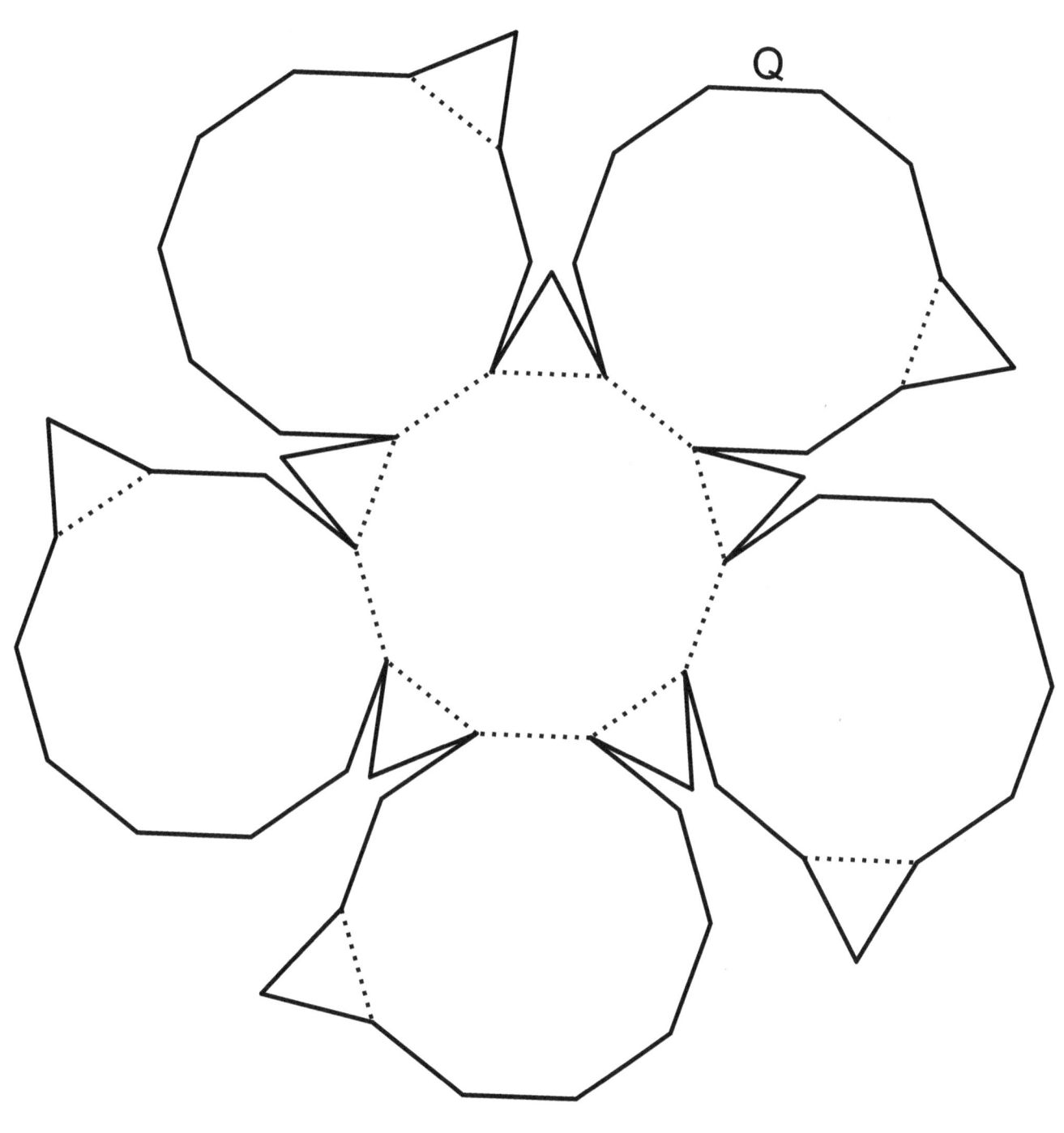

切頂二十面体

1. これは五部構成の展開図です。1部はこのページにあり、他の部分は次の2ページにあります。
2. 実線に沿って両方のパーツを切り抜きます。
3. 「B」と記載された場所で、2つのパーツを接着します。
4. 点線に沿って折りたたみます。
5/ セロテープで固定します。

もし展開図に絵を描いたり、色を塗りたい場合は、テープで貼り合わせる前に行ってください。装飾を加えたい場合は、テープで貼り合わせた後に行ってく。

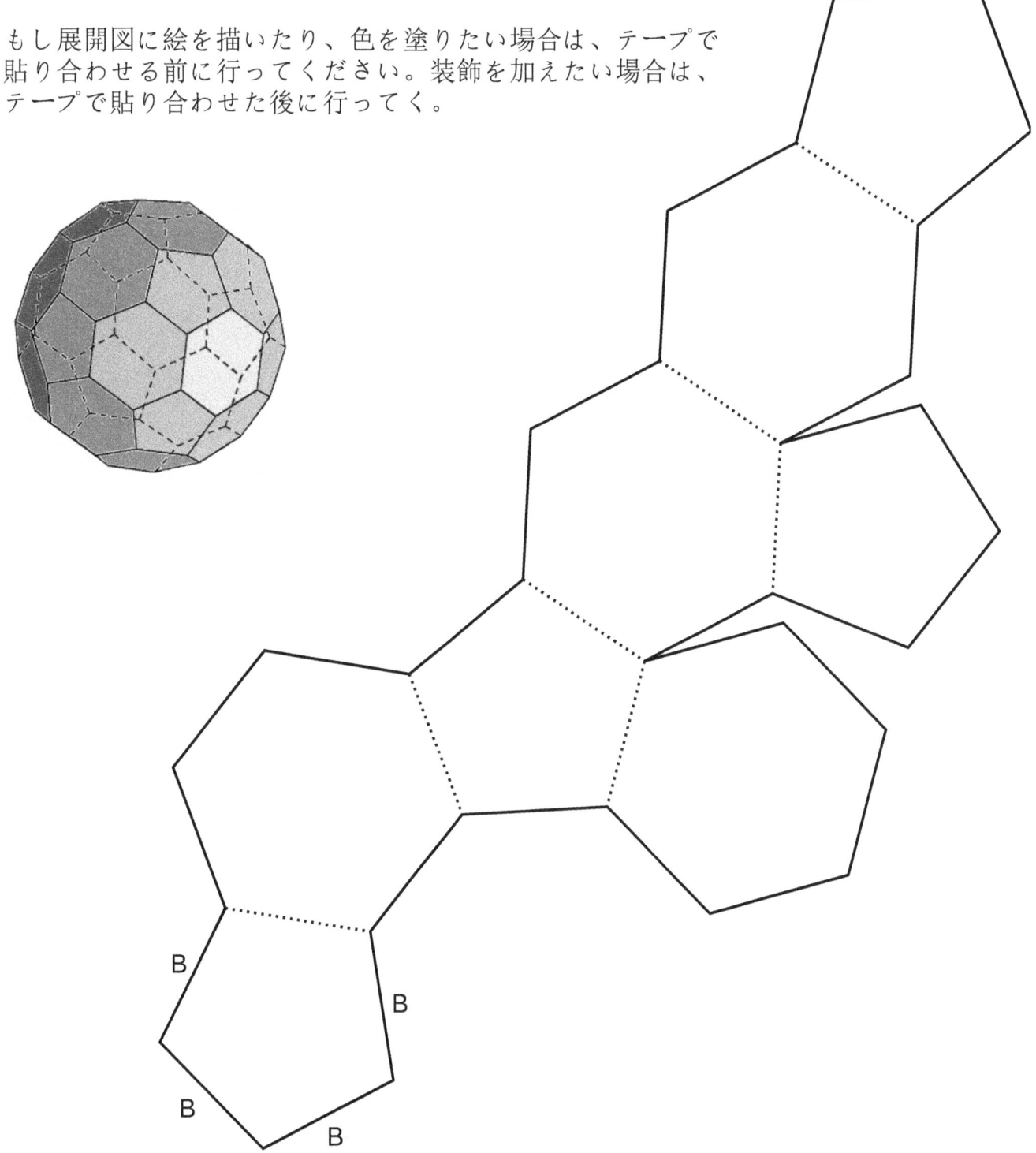

展開図 プロジェクト集 デイヴィッド・E・マクアダムスによる
著作権 2025年。詳細については著作権通知をご覧ください

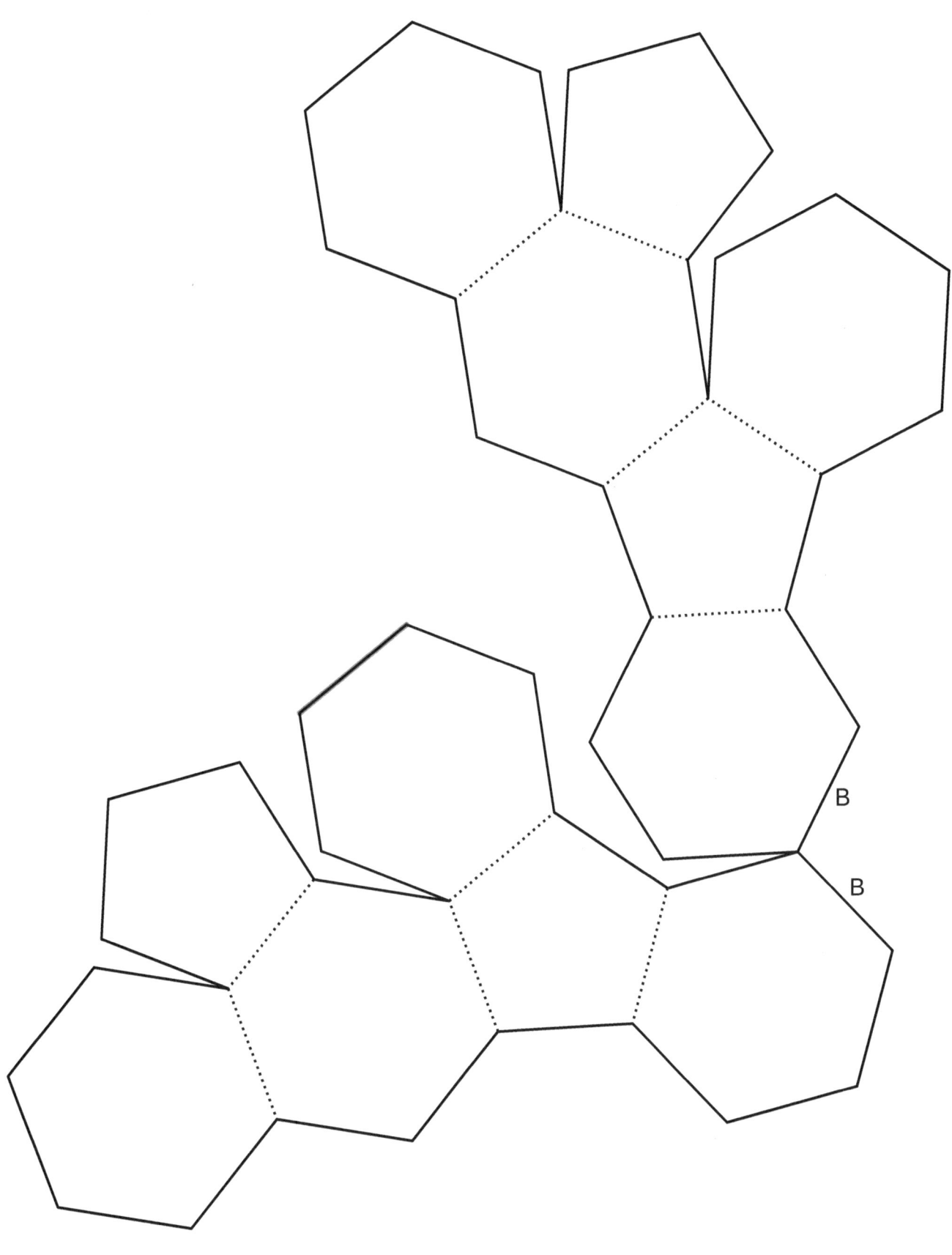

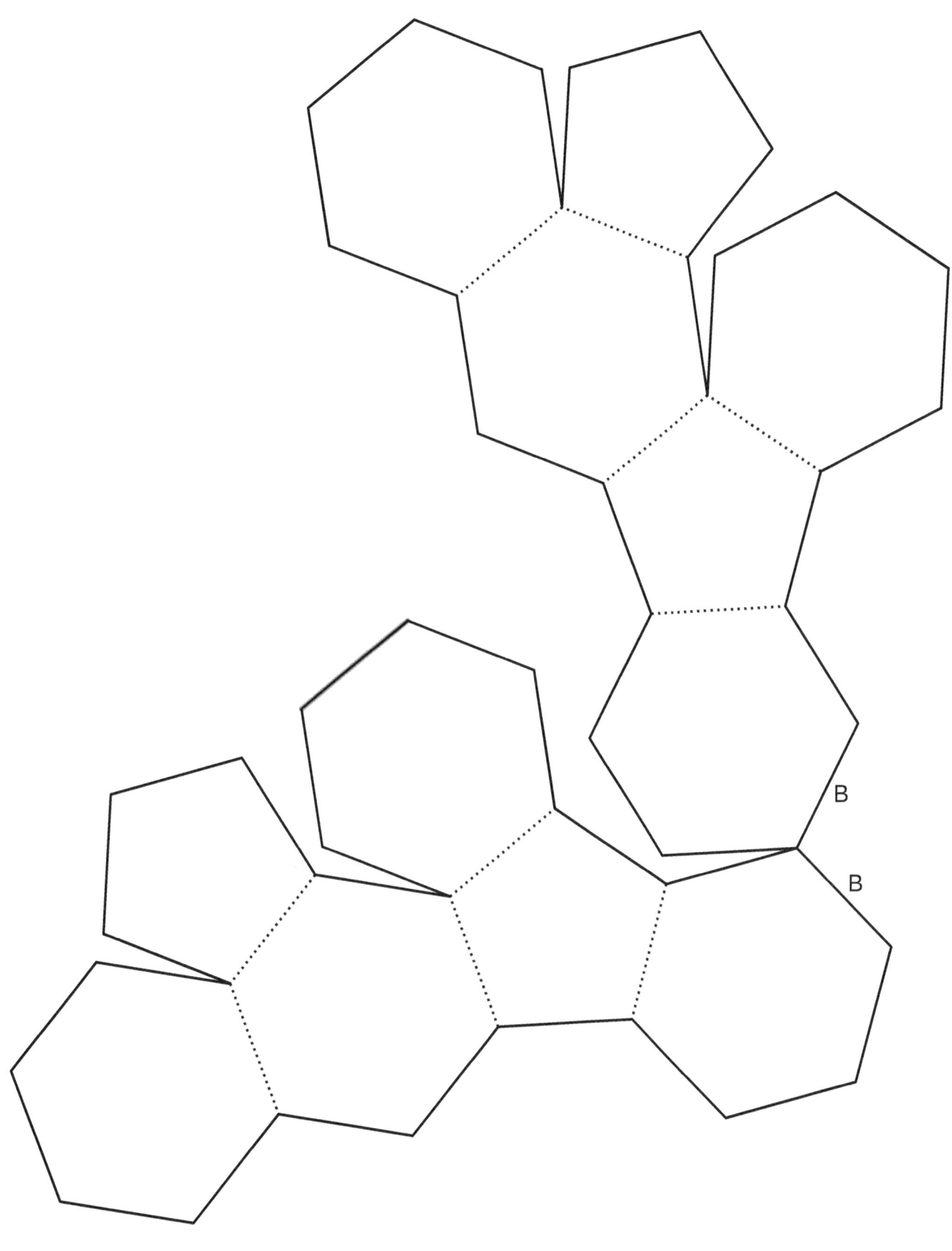

斜方切頂二十・十二面体

1. これは五部構成の展開図です。1部はこのページにあり、他の部分は次の2ページにあります。
2. 実線に沿って両方のパーツを切り抜きます。
3. 「A」と記載された場所で、2つのパーツを接着します。
4. 点線に沿って折りたたみます。
5. セロテープで固定します。

もし展開図に絵を描いたり、色を塗りたい場合は、テープで貼り合わせる前に行ってください。装飾を加えたい場合は、テープで貼り合わせた後に行ってく。

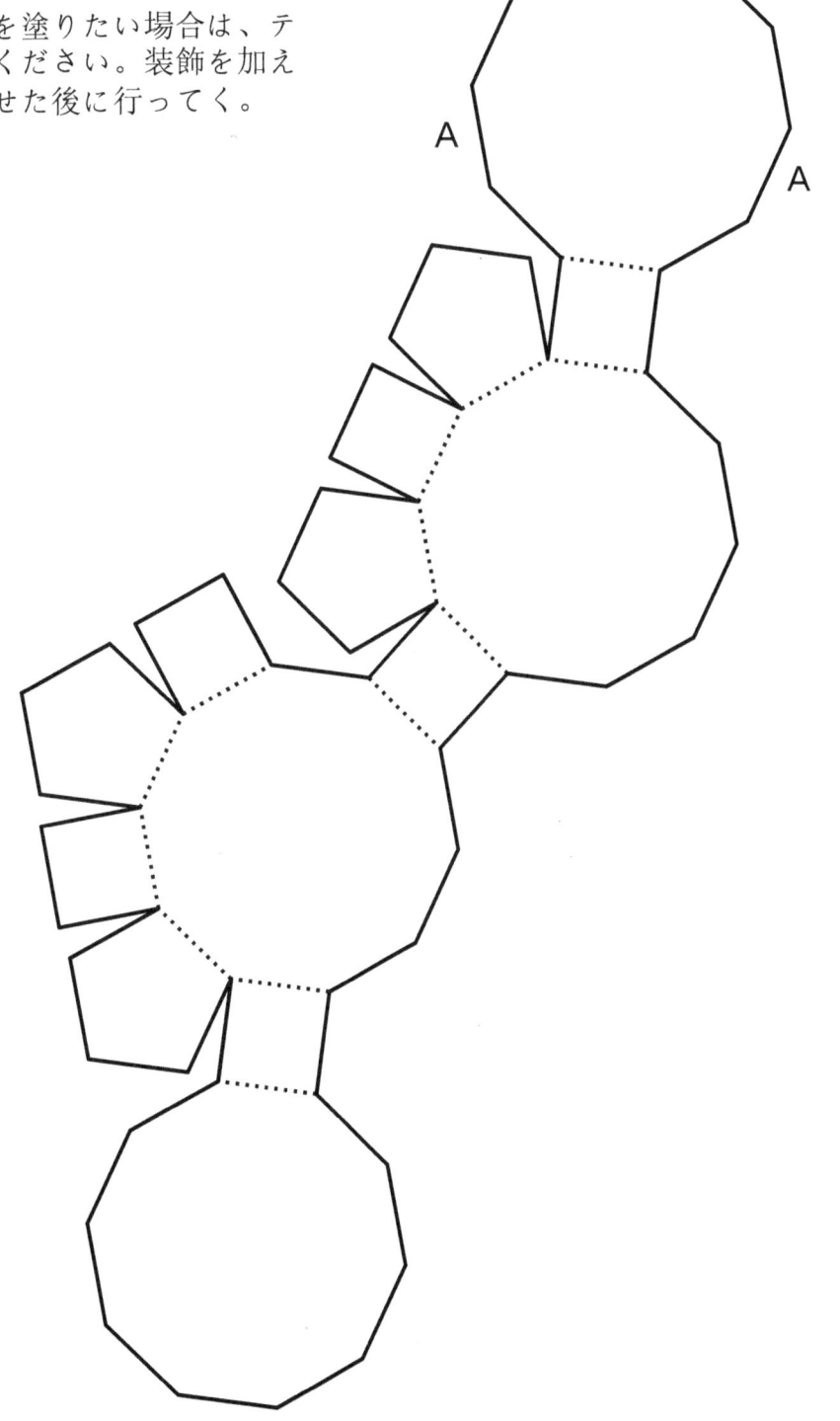

展開図 プロジェクト集 デイヴィッド・E・マクアダムスによる
著作権 2025年。詳細については著作権通知をご覧ください

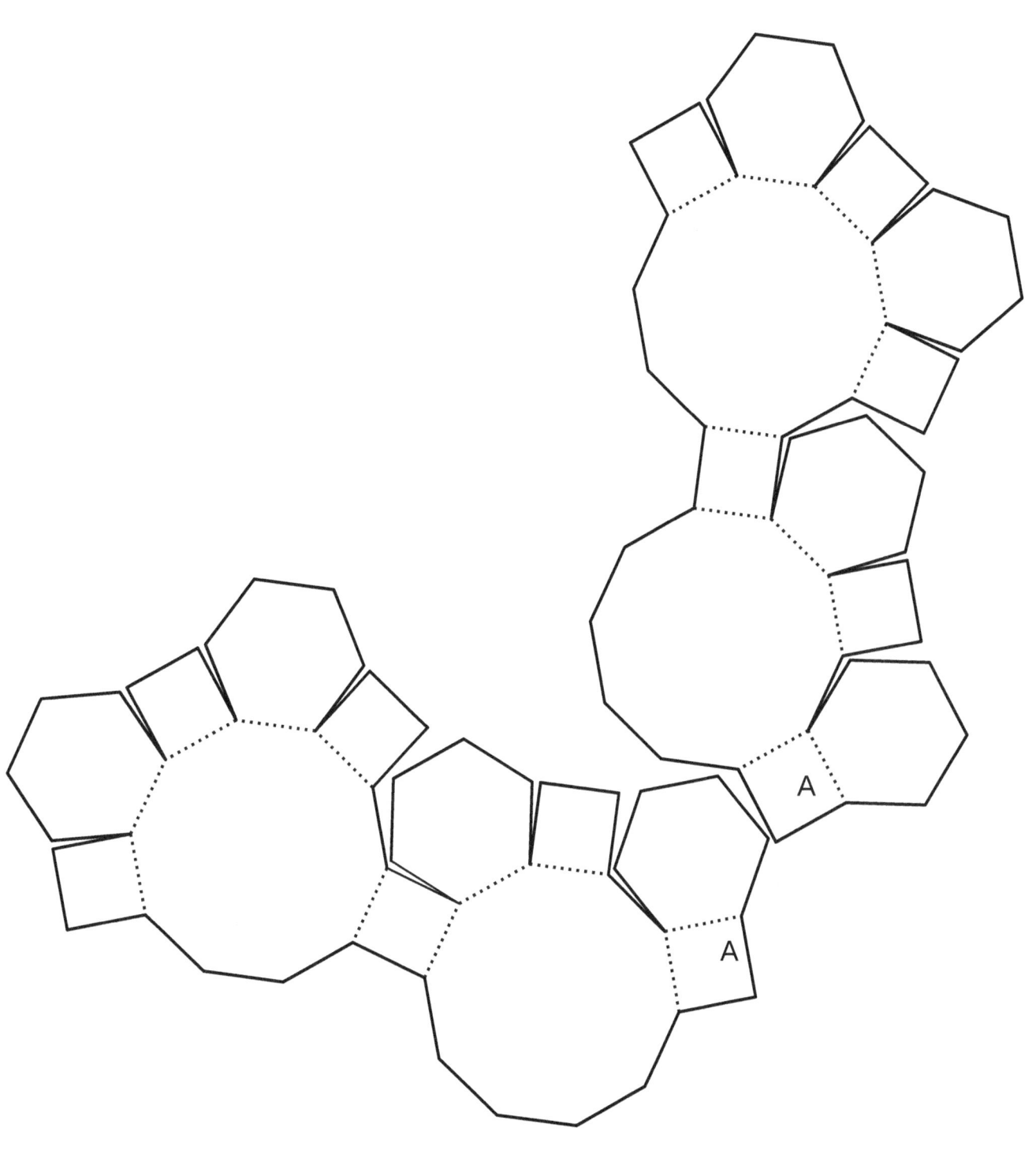

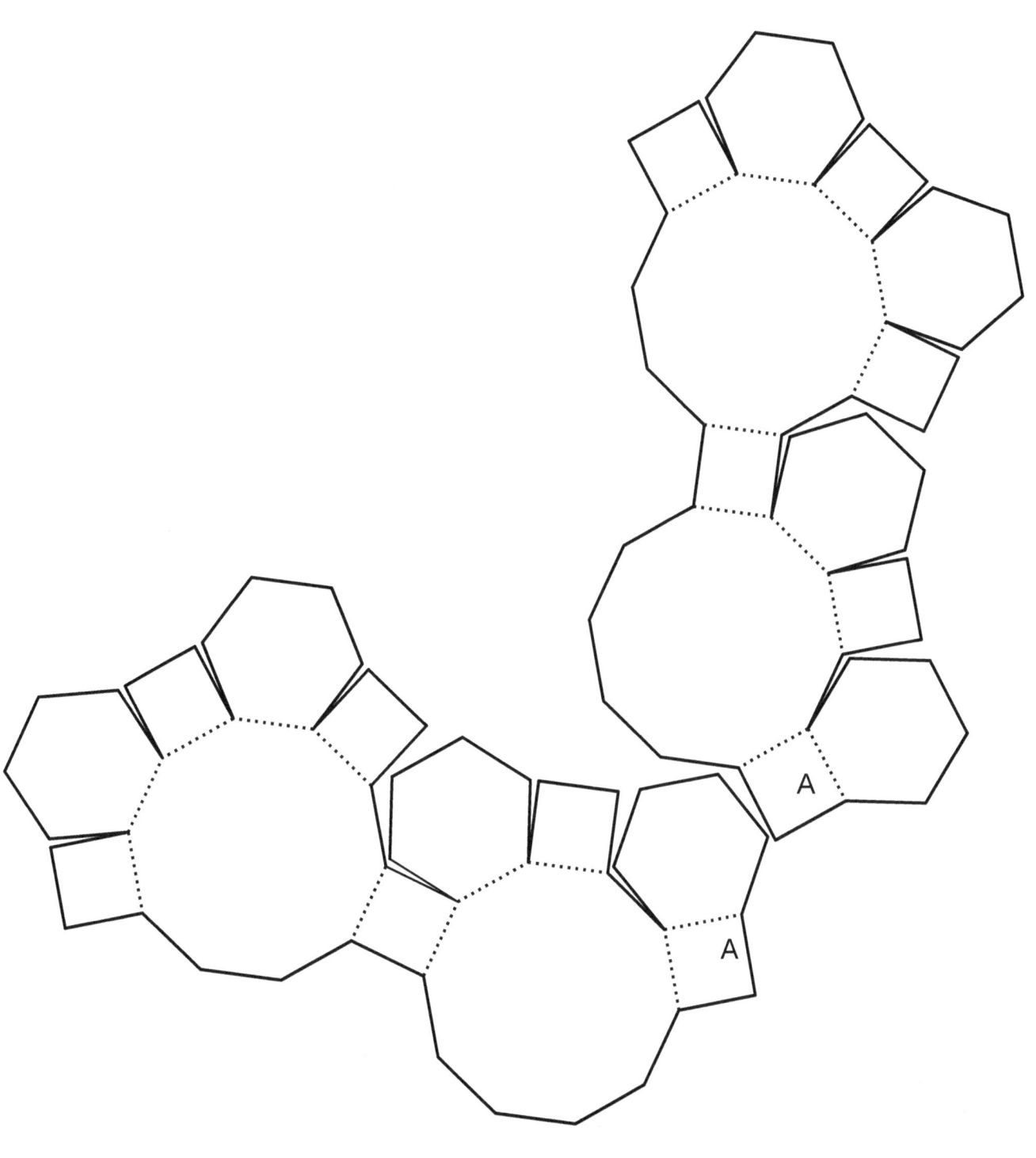

切頂八面体

1. 実線に沿って切り取ります。
2. 点線に沿って折ります。
3. 透明テープを使って固定します。

ネットに絵を描いたり、色を塗ったりしたい場合は、テープで貼る前に行ってください。装飾を貼り付けたい場合は、まずテープで貼り合わせてから行ってください。

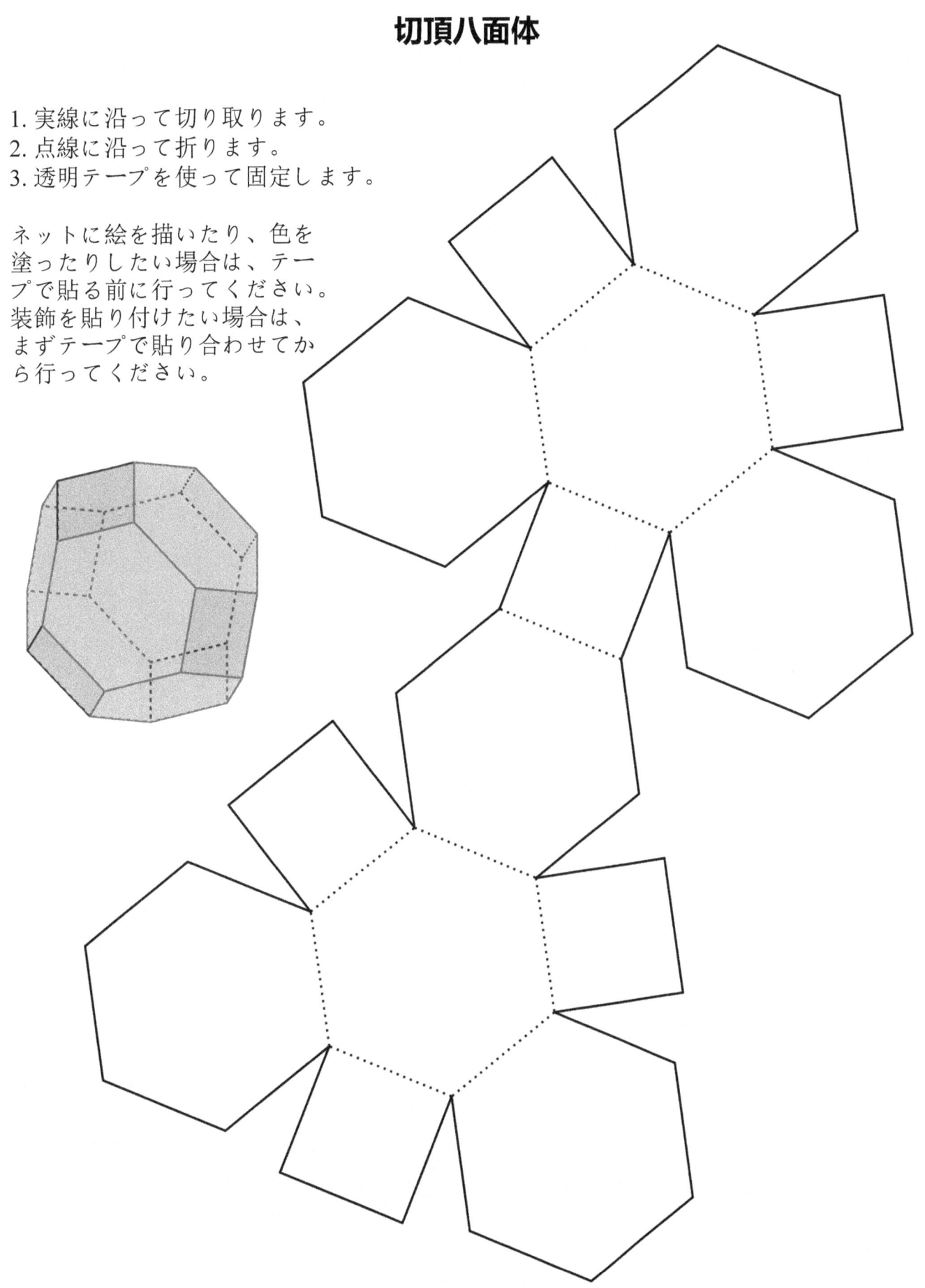

切頂四面体

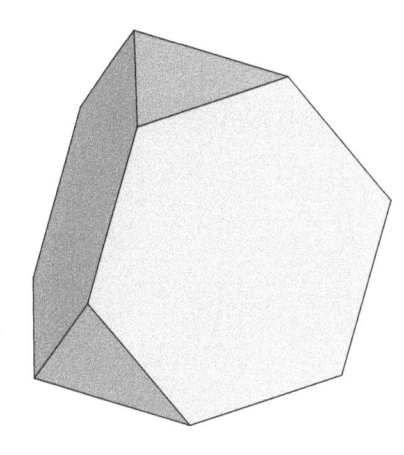

1. 実線に沿って切り取ります。
2. 点線に沿って折ります。
3. 透明テープを使って固定します。

ネットに絵を描いたり、色を塗ったりしたい場合は、テープで貼る前に行ってください。装飾を貼り付けたい場合は、まずテープで貼り合わせてから行ってください。

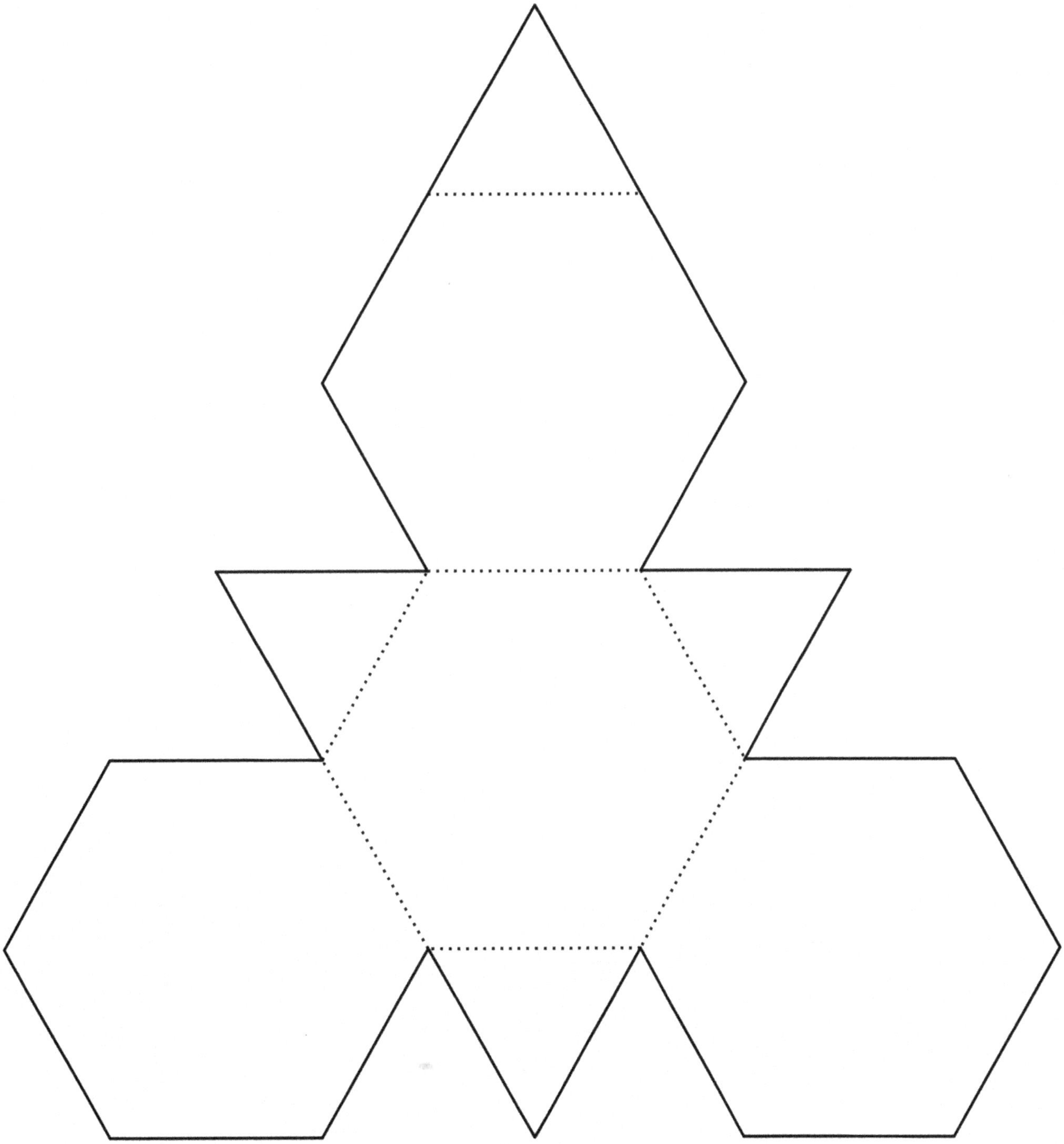

展開図 プロジェクト集 デイヴィッド・E・マクアダムスによる
著作権 2025年。詳細については著作権通知をご覧ください

正五角星錐

1. 実線に沿って切り取ります。
2. 点線に沿って折ります。
3. 透明テープを使って固定します。

ネットに絵を描いたり、色を塗ったりしたい場合は、テープで貼る前に行ってください。装飾を貼り付けたい場合は、まずテープで貼り合わせてから行ってください。

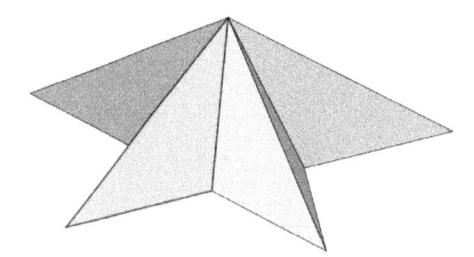

展開図 プロジェクト集デイヴィッド・E・マクアダムスによる
著作権 2025年。詳細については著作権通知をご覧ください

切頂正方形ねじれ双錐

1. 実線に沿って切り取ります。
2. 点線に沿って折ります。
3. 透明テープを使って固定します。

ネットに絵を描いたり、色を塗ったりしたい場合は、テープで貼る前に行ってください。装飾を貼り付けたい場合は、まずテープで貼り合わせてから行ってください。

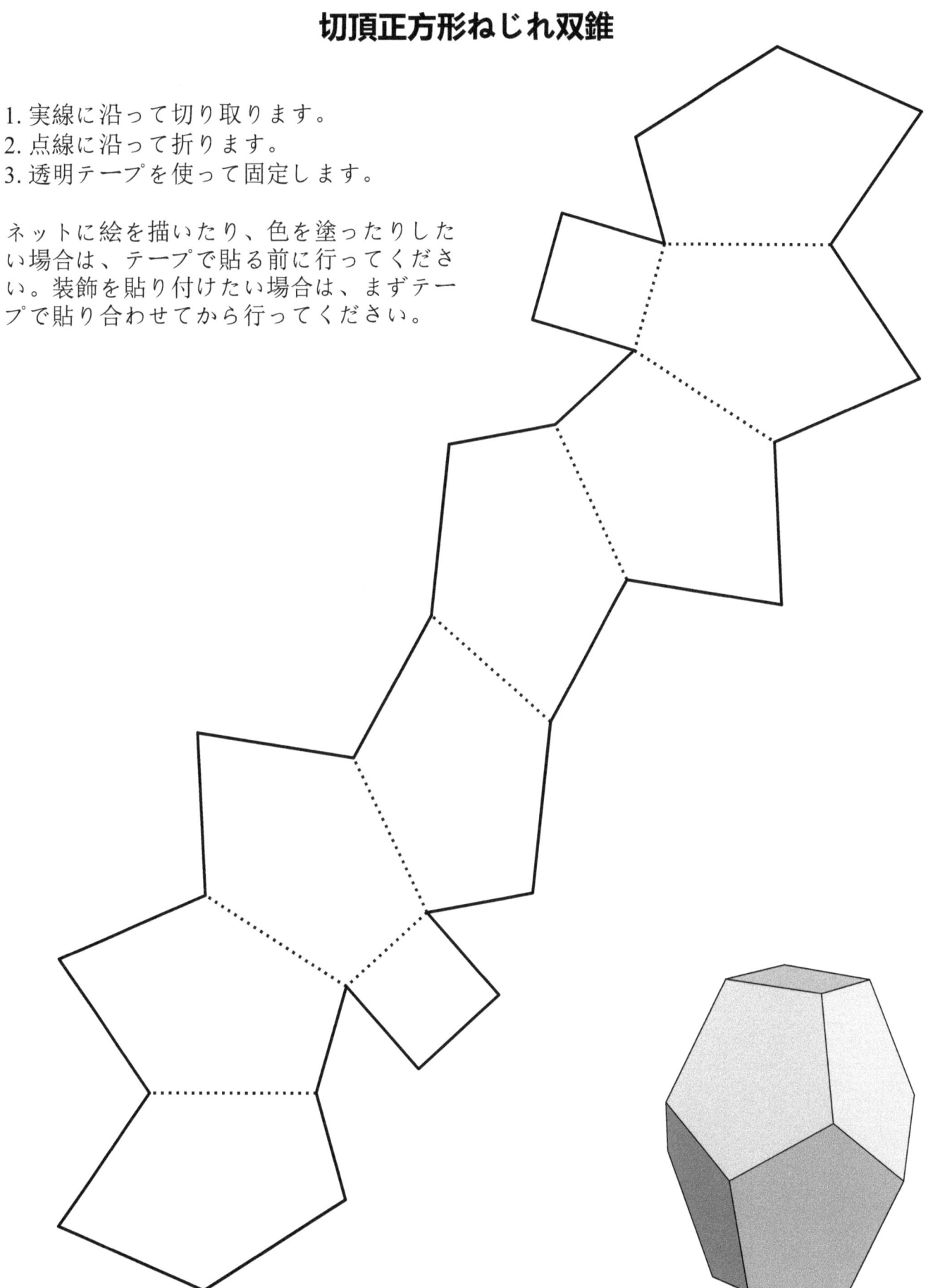

展開図 プロジェクト集 デイヴィッド・E・マクアダムスによる
著作権 2025年。詳細については著作権通知をご覧ください

www.ingramcontent.com/pod-product-compliance
Lightning Source LLC
Chambersburg PA
CBHW040000080526
44586CB00027B/2830